CATALOGUE

D'une belle Collection de

DESSEINS
ET
D'ESTAMPES,

Gravées au Burin, en maniere Noire & au Biſtre par le plus habiles Maitres anciens & modernes d'Italie, de la France, d'Angleterre & des Pays-Bas.

DELAISSEZ PAR FEU MONSIEUR
PIERRE DE WAARDT,
Commis du Comptoire Général d'Hollande & de Weſtfriſe.

ET MONSIEUR D. L.

Lesquels ſeront Vendus publiquement aux plus offrans le Lundi 31. Janvier 1780. & Jours ſuivans, chaque après diné à 4 heures preciſement.

PAR
NICOLAS VAN DAALEN
ET
MELIS WETTERS,
Libraires à la Haye.

※(❀)※

A LA HAYE,
Chez N. VAN DAALEN & M. WETTERS.
Chez qui l'on trouve le Catalogue en payans deux Sels pour les Pauvres.

ORDER DER VERKOPING.

Men zal alle Middagen precies ten vier uuren beginnen te Verkoopen.

Maandag den 31. January 1780.

Namiddag De Tekeningen. Konftboek A. B. C. D. E. No. 1 tot 30.

Dingsdag den 1. February 1780.

Namiddag Loffe Printkonft. Portefeuille F. G. H. I. K. No. 31 tot 382.

Woensdag den 2. February 1780.

Namiddag Loffe Printkonft. Portefeuille L. M. N. O. No. 383 tot 824.

Donderdag den 3. February 1780.

Namiddag Loffe Printkonft. Portefeuille P. Q. R. S. No. 825 tot 1201.

Vrydag den 4. February 1780.

Namiddag Loffe Printkonft. Portefeuille T. V. W. X. Y. No. 1202 tot 1622.

Zaturdag den 5. February 1780.

Namiddag Loffe Printkonft van No. 1623. tot het einde van de Catalogus.

Alles wordt Verkogt om contant Hollands grof Zilver Geld, of Goude Ryders en Gerande Ducaaten, (Dubbeltjes, Placcaat Schellingen en Zeeuwfche munt uitgeflooten) en het Gekogte moet binnen drie Weeken afgehaalt en betaalt zyn, en van yder Gulden 5 Duyten van de Printen voor Auctieregt betaald worden.

Alles zal kunnen gezien worden van Maandag tot Zaturdag den 17 tot 22 January 1780. en daar na op geene andere Dagen om confufie te vermyden.

De Heeren Liefhebbers, die zelve de Verkooping niet kunnen bywoonen, of hier geene Correfpondentie hebben, kunnen hunne Commiffien zenden aan N. VAN DAALEN of M. WETTERS, Boekverkopers in 's Hage, mits de prys by yder Artikel bepalende.

CATA-

CATALOGUE

DE

DESSEINS et d'ESTAMPES.

Konstboek A.

1 Waar in een menigte Tekeningen van Nederlandfche Meefters, als Sagtleven, Rubbens, Waterlo, Potter, van Dyk, Hugtenburg, Everdingen, Berghem, Oftade en anderen, welke volgens een gefchreven Lyft en na hunne Nommers verkogt zullen worden.

Konstboek B.

2 Waarin Tekeningen van Italiaanfche Meefters, als Tintoret, Baroccius, Parmens, Raphael, Michel Angelo, A. Carats, Titiaan, Guilio Romano en anderen, welke als boven verkogt zullen worden.

Konstboek C.

3 Waarin Tekeningen van Hollandfche Meefters, als van der Meer, Schalke, Vouet, van Gooyen, Netfcher, van de Velde, du Sart, Quaft en anderen, welke als voren verkogt zullen worden.

Portefeuille D.

4 Waar in diverfe Tekeningen van Julio Romano, Paffarati, Titiaan, A. Carats en anderen, welke als boven verkogt zullen worden.

(A) *Porte-*

Catalogue de Desseins & d'Estampes.

Portefeuille E.

5 Waar in Teekeningen van verscheyde Meesters, welke als boven verkogt zullen worden.

6 Agt en twintig Omslagen met verscheyde Tekeningen, welke volgens hun Nommer van 1 tot 28 verkogt zullen worden.

7 Twee en twintig Waayers.
8 Verscheide Plaffons.
9 Eenige stukken voor de Architectuur.
10 Academie Beelden met zwart kryt en met wit gehoogt, in 18 Omslagen yder van 40 stuks N. 1 a 18.
11 Veertig dito met rood aard, in 6 Omslagen van 40 stuks N. 1 a 6.
12 Een rol met dito.
13 Hondert Studien met zwart en rood kryt.
14 Twintig stuks als boven.
15 Zes Academie Beelden met Crajon en 2 anderen.
16 Twee en veertig stuks met Handen, Voeten en Lyven.
17 Dertig Koppen in soorten.
18 Agt en dertig dito.
19 Zes en Zeventig Studien met zwart kryt.
20 Italiaansche Gezigten.
21 Gezigten van Brielsland en anderen.
22 Schetsboekje van van Goyen.
23 Een Portefeuille met verscheide Tekeningen.
24 Een dito.
25 Agt stuks differente groote Tekeningen.
26 Twee Historische Landschapjes in de manier van Schouwman, in Waterverf.
27 Twee Boeren Dorpgezigjes.
28 Een dito met Badende Nimfjes.
29 Twee stuks een Boeren Gezelschap en een ander in de manier van Ostade.
30 Eenige Boeken groot folio Tekenpapier.

Portefeuille F.

Vervattende meeft Geëfte Printen door de befte Italiaanfche Meefters.

31 Maria met 't Kindje op een Troon, zeer Capitaal na Seb. Conca, door J. Frey.
32 Jofeph en Potiphars Vrouw, na Cignanus, door dito.
33 Venus en Cupido, na Parmefane, door Desplaces.
34 De Ruft op de Weg na Egypten, na Titiaan, door van den Borcht.
35 Ses ftuks diverfe.
36 St. Franciscus in devotie, door Villamena.
37 De opregting van de Kopere Slang, door dito.
38 St. Johannes, St. Francifcus, St. Hilarion en St. Paulus, door dito, zeer fraay.
39 Chriftus aan 't Kruis met Maria en Johannes, na Barotius, door Cort.
40 De Visvangft, na dito, door Sadeler.
41 De Heilige Familje, na dito, door Cort.
42 Chriftus in de gedaante van een Hovenier, door Lucas Ciamberlanus, na dito met de Copye.
43 St. Franciscus in een Rots, na dito, door Villamena.
44 De groote Aanbidding der Herders, na Taddeo Zuccharo, door Mattham.
45 Califto ontdekt, na Titiaan, door Cort.
46 Een Landfchap met Bacchanalen, door Podefta.
47 Een Zinnebeeldige, na Tintoret.
48 Cephalus en Procris, na Julio Romano, door George Mantuanus.
49 Lucretia zig doorftekende, na Raphaël, door Marc Antoon.
50 De Heilige Familje, na Perino del Vago, door Hollar.
51 St. Bibiana weigert den Afgoden te offeren, na Pietro da Cortona, door B. Mercati.
52 Een Ruft by de Palmboomen met de Muficeerende Engelen, na C. Saracenus, door Spagnolet, zeer fraai.
53 St. Antonius in Devotie voor een Crucifix, na Michel Angelo, door Soutman, extra fraai en zeldzaam.

(A 2)

Catalogue d'Estampes detachées.

54 Een Rust na Egypten, door Camillo Procacino.
55 Een Visvangst en een Jagtparty in twee capitaale Landschappen, door Petro Testa, Proefdruk voor 't Wapen.
56 De ongelovige Thomas, door Pasquilini da Cento.
57 St. Antonius da Padoua, door dito.
58 Een staande Krygsoverste, door Parmens.
59 Een Houtsnede, door dito
60 Een Heylige Familie, na dito, door Sadeler.
61 Coridon en Alexis, na dito, door L. Vosterman.
62 Een raar Printje, door Ventura Salemberi.

Guido Reni.

63 Maria in een Glorie op de Wolken.
64 De Schaking van Helena.
65 Een H. Familje en de Copye.
66 Een Rust naar Egypten met den Engel.
67 Judith met 't Hooft van Holofernes.
68 De strydt der Reuzen in 4 Bladen, Houtsneede, zeer raar.
69 De Vinding van Moses, door C. de Caylus.
70 Venus door een Sater bespied, door C. Swarts.

Annibal Carrats.

71 De stervende St. Franciscus met de Musiceerende Engel, na Vanius.
72 De strydt der Harpyen.
73 Een Aanbidding der Koningen.
74 Moses met een Zwaart zittende op de Wolken.
75 Een Doode Christus in de Schoot van Maria.
76 Johannes in de Woestyne.
77 Een Genezing door een Heilige.
78 De Apostelen, 15 stuks op 5 bladen.
79 Een H. Familje.
80 Christus aan 't Kruis vallende Maria in flaauwte.
81 Een Miraculeusch geval.
82 Een Vrouw met twee Kindertjes, 4 stuks.
83 De Heilige Familje, bekend onder de Naam van 't Napje, zeer fraai en raar.

Porte

Catalogue d'Estampes detachées.

Portefeuille G.

Waar in Italiaanſche Prenten.

84 De Hemelvaard van Maria, na Thadeus Luccanus, door J. Matham.
85 Vier ſtukken na Polidorus de Caravagio, door Saanredam 1593
86 Drie ſtukken na denzelven.
87 St. Hierome in Devotie, na Palma, door Goltius.
88 Een Autaarſtuk, na J. Barocius.
89 Een Heilige Familie, na Titiaan, door P. de Jode.
90 St. Cicile & une Gloire, na Parmeſianius, door Tanjé.
91 Twaalf ſtuks Landſchappen, na Zuccarelli, door Wagner.
92 Twaalf ſtuks dito, door dezelven, waar van 4 na Zuccarelli en 8 na Zais.
93 Endimion en Daphne, door dezelve, na Zuccarelli, 2 ſtuks.
94 Een ſtuk, d'après P. Berettinus Cortonenſis, par Audran.

d'Après Annibal Carache.

95 Zeven Galleryſtukken, door Franc Tortebat 1659
96 Zes ſtuks dito, door N. Mignard 1637
97 Vier dito, door Poilly.
98 Agt dito, door dito.
99 Vyf dito, door dito.
100 Zes dito, door dito.
101 Twee dito, door dito, zynde het eene verklynt.

Portefeuille H.

Waar in Italiaanſche Prenten.

102 Martyre de St. Pierre & de St. Paul, d'après Nicolo dell' Abbate, par Folkema, gr. pl.

103 L'Entrée d'une Ville Maritime, d'après l'Allemand, par le Veau, gr. pl.
104 Quatre sujets de la Vie Champêtre, d'après Amiconi, par Wagner, gr. pl.
105 Quatre autres sujets de la Vie Champêtre, d'après Amiconi, appo Wagner, gr. pl.
106 Jesus Christ fouetté, d'après J. C. Arpinas, par Ragot, gr. pl.
107 Le Dessein, d'après L. Aubert, par C. Duflos, pap. Roy.
108 Le Bal Paré, d'après A. St. Aubain, par A. J. Duclos, gr. pl.
109 Le Concert, d'après A. St. Aubin, par J. A. Duclos, gr. pl.
110 La Jeune Angloise, d'après Bader, par Chevillet, gr. pl.
111 L'Agréable Lecture & la Precepteur inutile, d'après Balko, par ***, pap. Roy. 2 pieces.
112 The Holy Family, d'après Fred. Barocci, par Miller, gr. pl.
113 Rencontre Dangereuse, d'après Baudouin, par le Veau, pap. Roy.
114 Rose & Colas, d'après Baudouin, par Simonet, pap. Roy.
115 Annette & Lubin, d'après Baudouin, par Ponce, pap. Roy.
116 Les Cerises, par les memes, pap. Roy.
117 La Sentinelle en defaut, d'après Baudouin, par de Lannoy, gr. pl.
118 Les Amours Champetres, d'après Baudouin, par Harleston, pap. Roy.
119 La Femme rusée, d'après Bega, par Basan, gr. pl.
120 Anthiope Reine des Amazones, d'après Bennevault, par Maleuvre, gr. pl.
121 Bataille de Ozakon le 13 Juillet 1737. par le Russiens, par Benoist, pap. Royal.
122 l'Espoir du Gain inspire la Gayeté & dissipe l'ennuy d'un Voyage, d'après N. Bergbem & Aliamet, pap. Med.
123 l'Abreuvoir Champetre, d'Après N. Bergbem, par P. Martinasi, gr. pl.
124 l'Occupation de la Bergere, d'après N. Bergbem par P. Laurent, gr. pl.
125 Venus & Adonis, d'après J. Betbon, par J. Danzel, gr. pl.

d'Après

d'Après F. Boucher.

126 La Toilette de Venus, par C. Duflos, gr: pl.
127 Venus sur les Eaux, avant la Lettre, gr. pl.
128 Le Messager discret, par Gaillard, gr: pl.
129 l'Hymen & l'Amour, chez Beauvarlet, gr. pl.
130 Pan & Syrinx, par Martenasi, gr: pl.
131 La Péche, Beauvarlet direx gr. pl.
132 La Chasse, Beauvarlet direx gr. pl.
133 Chasse aux Tigres, par Flipart, gr. pl.
134 Les Charmes de la Vie Champetre, par Daullé, gr. pl.
135 La Mort d'Adonis, par le Vasseur, gr. pl.
136 La Bergere Prevoyante, par Aliamet, gr. pl.
137 Venus eurant au Bain, par Michel, gr. pl.
138 Venus sortant du Bain, par Michel, gr. pl.
139 Arion, par St. Aubin & Pasquer, gr. pl.
140 Venus sur les Eaux, par le Vasseur, gr. pl.
141 Villageois a la Peche, par Gaillard, gr. pl.
142 Jacob Burying Labans Images, d'après S. Bourdon, par R. Earlom, gr. pl.
143 Les Centaures & le Pendant, d'après Ch. le Brun, par L. Desplaces, gr. pl. Obl. 2 pieces.
144 Venus Dosmant & l'Amour, d'après Ch. le Brun, par H. S. Thomassin, pap. Royal.
145 Le Charité, d'après Ch. le Brun, par L. Desplaces, pap. Royal.
146 l'Epouse mal gardé, d'après le Brun, par Dambrun, pap: Royal.
147 La Liberté perdu, d'après le Brun, par Dambrun, pap. Royal.
148 Le Charme de la Liberté, d'apres le Brun, par Martini, pap. Royal.
149 Toilette de la Mariée, d'après le Brun, par Dembrun, pap: Royal.
150 Le Maitre de Danse, d'après Ph. Canot, par le Bas, pap. Royal.
151 Pas de Deux, d'après L. C. de Carmontelle, par J. B: Tilliard, gr: pl.
152 Malheureuse Famille de Calas, d'après L. C. de Carmontelle, par de la Fosse, gr. pl.

d'Après Ann. Carache.

153 La vierge Accompagnée de plufieurs Saints, *par Dupuis, gr. pl.*
154 Affomption de la vierge, *par Camerate, gr. pl.*
155 Un Chrift couronné d'Epines, *par Keil, pap. Med.*
156 The Adoration of the Shepherds, *par Aliamet, gr. pl.*
157 l'Amone de S. Roch, *par Camerata, gr. pl.*
158 Tobias Anointing his Fathers Eyes, *d'après Aug. Carrache, par Ravenet, gr. pl.*
159 Saint Sebaftien, *d'après L. Carrache, par N. Dupuis, gr. pl.*
160 Apollon & Iffé, *d'après Cafe, par Vallée, pap: Royal.*
161 Pfiche & l'Amour, *d'après Cafe, par Vallée, pap. Roy.*
162 Zephir & Flore, *d'après Cafe, par Vallée, pap. Royal.*
163 La Mort de Didon, *d'après M. A. Challe, par Michel pap. Royal.*
164 La Mort d'Hercule, *d'après M. A. Challe, par Michel pap. Royal.*
165 Les petits Voleurs, *d'après Charpentier, par Mr. le Fort pap. Royal.*
166 Chafteté de Jofeph, *d'après Cignani, par Tanjé, gr. pl*
167 l'Efperance & le Pendent, *d'après C. N. Cochin pa P. E. Moitte,* 2 pieces *gr. pl.*
168 Sujet Allegorique fur le Roi de Suede, *d'après C. N Cochin, par P. Floding, gr pl.*
169 La Vierge fur un Nuage avec plufieurs Saints, *d'apré A. Corrige, par Kilian gr. pl.*
170 La Vierge fur un Piedeftal, avec St. Jean & autre Saints, *d'après A. Corrige par Feffard gr. pl.*
171 St. Francois dans un Bois Stigmatifé, *par Cort* 156

d'Après Pierre de Cortone.

172 Cæfar repudie Pompeia &c. *d'après P. de Cortone, p R. Strange gr. pl.*
173 The Shepherds offering, *d'après P. de Cortone, p Fauccy, gr. pl.*
174 The Bird of Virgin, *d'après P. de Cortone par Faucy gr.*
175 Chrift appearing to Mary in the Garden, *d'après de Cortone, par Walker pap. Royal.*

176 Jupiter & Junon, d'après A. Coypel, par Dubange.
177 Triomphe de Galathée, d'après A. Coypel par Duflos, gr. pl.
178 Armide, d'après A. Coypel, par C. Dupuis, gr. pl.
179 l'Amour piquée par une Abeille, d'après A. Coypel, par C. Duflos, gr. pl.
180 Trois pieces différens de Don Quichotte, d'après Ch. Coypel, par Surugue, pap. Roy.
181 l'Approche d'un port Fortifié, d'après la Croix, par le Veau, gr. pl.
182 Troisième vue pres de Tivoli, d'après la Croix, par Blanchou, gr. pl.
183 Quatrieme vue pres de Tivoli, d'après la Croix, par Deny, gr. pl.
184 Vue d'un Village prés de Haarlem, d'après van Dalens, Basan, Exc. gr. pl.
185 Vue de Haarlem, du côté du Spaar, d'après van Dalens, F. Basan, Exc. gr. pl.
186 Paysage & Animaux en Rond, d'après Desbayes, par Laurent, gr. pl.
187 Loth & ses Filles, d'après J. F. Detroy, par l'Empereur, gr. pl.

d'Après C. W. E. Dietrich

188 Venus & Paris sur le Mont Ida, par Dupin Fils, gr. pl.
189 Agar repudiée, par J. J. le Veau, pap. Roy.
190 Le Satyre & le Villageois, par P. Maleuvre, gr. pl.
191 Les offres Reciproques, par J. G. Wille, gr. pl.
192 Premiere Ruine Romaine, par Delaunay, gr. pl.
193 Quatrieme Ruine Romaine, par Daudet, gr. pl.
194 Approche du Camp & les Soldats en repos, par le Vasseur, 2 pieces gr. pl.
195 Herodiade portant la Tete de St. Jean, d'après Dolce, par Kilian, gr. pl.
196 St. Cécile, d'après Dolce, par Kilian, gr. pl.
197 N: S: Benissant le Pain, d'après Dolce, par Basan, gr. pl.
198 Tueuse des Poux, d'après G. Douw, par J. Feigl, gr. pl.
199 Adoration des Mages, d'après Doyen, par C. le Carpentier, gr. pl.

Catalogue d'Eſtampes detachées.

200 Le Garçon Cabaretié, d'après P: E: Dumenil, par C: Duſlos, pap. Roy.
201 Le Pretre du Catechisme, d'après P: L: Dumenil, par E: C: Tournay, pap. Roy.
202 Le Chantre a table, d'après Dumenil, par N. Dupuis, pap. Royal.
203 Beliſaire general de l'Armée des Romains ſous le Regne de l'Empereur Juſtinien, d'après A: van Dyk, par Boſſe, gr. pl.
204 The continence of Scipio, d'après A: van Dyk, par J: Miller, gr. pl.
205 Helena Forman Ruben's Second wife, d'après A: van Dyk, par Chambars, gr. pl.

d'Après F. Eiſen Pere.

206 Eſpieglerl, par B: L: Henriques, pap. Royal.
207 Amuſement de la Jeuneſſe, avec le Chien, par M: Salvador Carmona, pap. Roy.
208 Amuſement de la Jeuneſſe, avec le Chat, par N: Dupuis, pap. Royal.
209 Les Dragons de Venus, par Halbou, gr. pl.
210 l'Amour en Ribote, par Halbou, gr. pl.
211 Le Beau Commiſſaire, par Halbou, pap: Roy.
212 Le Joli Charlatane, par Halbou, pap. Roy.

d'Après C. Eiſen Fils.

213 l'Accord de Mariage, par R: Gaillard, pap. Roy.
214 Le Bouquet, par R. Gaillard, pap. Roy.
215 Promettre eſt un & tenir c'eſt un autre, par L. le Grand, pap. Roy.
216 Le Paſteur Heureux, par R. Gaillard, pap. Roy.
217 Diane & Endimion, par P. F. Tardieu, pap. Roy.
218 Le Mouton Favori, par Gaillard, gr. pl.
219 Les Defirs Satisfaits, par Patas, pap. Roy.
220 Vignettes, par le Mire &c.

d'Après Eſpagnolet.

221 Diogene par Daullé, pap. Royal.

222 St. Marie Egyptienne, *par Pitteri*, gr. pl.
223 Martyre de St. Laurent, *par Keyl*, pap. Royal.
224 Martyre de St. Barthelemy, *par Pitteri*, gr. pl.
225 Jacob conduisant les Troupeaux de Laban, *par Fokke*, gr. pl.
226 David victorieux de Goliath, *d'après Feti, par Camerata*, pap. Royal
227 Un Guerrir blessé, *d'après la Fosse, par C. Simoneau l'Ainé*, gr. pl.
228 Projet & Elevation d'une Fontaine publique, *d'après la Fosse, par C. Beurlier*, gr. pl.
229 Leda & Jupiter, *d'après N. Fouché, par L. Desplaces*, gr. pl.
230 Les Jeunes Soeurs, *d'après Fragonard, par J. Vidal*, gr. pl.

d'Après S. Freudenberg.

231 La Soirée d'Hyver, *par Ingouf Junior*, pap. Roy.
232 Les Confidences, *par C. L. Lingée*, pap. Roy.
233 l'Evement au Bal, *par Duclos & Ingouf Junior*, pap. Roy.
234 Le Lever, *par A. Romanet*, pap. Roy.
235 Le Coucher, *par Duclos & Bosse*, pap. Roy.
236 La visite Inattendue, *par Voyez l'Ainé*, pap. Roy.
237 l'Occupation, *par Lingée*, pap. Roy.
238 Le Boudoir, *par P. Maleuvre*, pap. Roy.
239 La Toilette, *par Voyez l'Ainé*, pap. Roy.
240 Le Galant Chirurgien, *par Triere*, pap. Roy.
241 l'Heureuse Union, *par Bosse*, pap. Roy.
242 Lison Dormait, *par P. H. Triere*, pap. Roy.
243 Zephire & Flore, *d'après Galoche, par F. Dechamps Femme Beauvarlet*, gr. pl.
244 La Jeune Sultane, *d'après le Gendre, par Chevillet*, pap. Royal.
245 Depart pour le Marché, *d'après J. van Goyen, par A. P. Coulet*, gr. pl.

d'Après J. B. Greuze.

246 l'Accordée de Village, *par Mirel*, gr. pl.
247 Le Benedicité, *par P. Laurent*, gr. pl.
248 L'écureuse *par Beauvarlet*, gr. pl.

Catalogue d'Estampes detachées.

249 Retour de Nourice, par *Hubert* gr. pl.
250 La grand Maman, par *Binet* gr. pl.
251 La priere a l'Amour, par *Moles* pap. Roy.
252 La Pleureuse, par *J: J: Flipart* pap. Roy.
253 l'Enfant gaté, par *C: Corbut* pap. Roy.
254 Servante Congedié, par *Voyez* pap. Roy.
255 La Paix du Menage, par *Moreau & P: C: Ingouf*, pap. Roy.
256 La Paresseuse, par *P: E: Moitte* pap. Roy.
257 Les Fille confuse, par *Ingo l'Ainé & son Frere*, pap. Roy.
258 La Philosophe endormie, *Aliamet direxit* gr. pl.
259 La Vertu Chancelante, par *J. Massard* gr. pl.
260 Retour de soi-même, par *Binet* gr. pl.
261 Le Silence, par *Corbut* pap. Roy.
262 Le Penseuse, par *le Pere & Avaulez* pap. Roy.
263 La Tricoteuze dormant, par *Jardinier* pap. Roy.
264 Annette & Lubin, par *Binet* pap. Roy. 2 pieces.
265 Les Sevreuses, par *Tiliard & Ingouf* gr. pl
266 Cephale & Procris, d'apres *J: F: Barbieri dit le Guerchin*, par *Keyl* gr. pl.

Portefeuille I.

Waar in diverse Printen.

267 Jesus aan het Paaschmaal en in den Hof, 2 stuks na Michel Angelo 1580.
268 Agt. Heydensche Goden, na Polidoor, door H. Goltius.
269 Agt. Romeynsche Historien, na denzelven.
270 Drie dito anders, na denzelven.
271 Drie na Titian, 1615. 1618. 1627.
272 Paris Oordeel, Venus, Juno, Pallas, na Miereveld 1588. door Swanenburg 1609
273 De Maaltyd te Bethanien, na P. Calyary Veronensis, door le Febre.
274 Een stuk van Bloemart, en twee van S. Rosa.
275 Een Wellust, na Rubbens en 3 anderen.
276 Zeven stukjes, na Watreau, door Anguier.

277 Een Paard, van Goltius en 3 anderen.
278 De Pifon inbatus, en 4 anderen.
279 Op en Ondergang der Stuartelyke Regeering, en 4 anderen.
280 Zes ſtukjes met Bloemen.
281 Een Spotprint en 2 anderen.
282 Een Promotie in de Philofophie te Romen.
283 Paulus te Athenen, na Raphael, bis en 5 andere.
284 De Vier Maanden, door Sadeler en 4 anderen.
285 't Gezigt van Fontaine Bleau.
286 Een Kaart van Amboina.

Portefeuille K.

Vervattende zeer Capitaale Printen, naar en door de voornaamſte Nederlandſche Meeſters.

287 Drie ſtuks Titeltjes, door A: Houbraken.
288 De Emblemata van J. le Brun afgebeelt in 28 Printjes, door A. van de Venne.
289 De Koekebakſter, door C. Viſcher.
290 Twee Grappige, na Quaſt, door Nolpe.
291 De 5 Zinnen, door dito.
292 Zes Landſchappen, na Breugel, door Sadeler.
293 Twee groote Campementen, door Hugtenburch.
294 Zes Landſchappen met Ruines, na Poelenburch, door Bronkhorſt.
295 Dezelve, 5 ſtuks.
296 't Boere Bruidje, door Holler extra raar.
297 David ſpeelt voor Saul op de Harp, door dito.
298 De Hiſtorie van Jonas, 4 ſtuks door J. van de Velde. Dezelve nog eens.
299 Vier fraye Printjes, naar Elshaimer, door Goudt.
300 Een raar Printje, door Vinkebooms.
301 Twaalf ſtuks Capellen, door Hollar, extra fraay.
302 Een Zinnebeeldige, na Spilenberger, door Danckers.
303 De Opſtanding, na Stoudanus, door Collaart, extra raar.
304 De Afneeming van 't Kruis, zeer capitaal in 2 bladen, door Lambertus Lombardus.
305 De Opwekking van Lazarus, door dito.

306 Een Landfchap met fpelende Kindertjes, na J. Winge, door Sadeler.
307 Loth en zyn Dogters, na en door dito.
308 Chriftus de Kinderen tot zig roepende, na en door dito.
309 Jacob en Ezau, na Moereelfe, door Swanenburg.
310 't Badje van Diana, na dito door Saenredam.
311 Een Kind door een Engel geleid, door P. de Jode.
312 Califto ontdekt, na C. van Haerlem, door Mattham.
313 Maria met eenige Heyligen, na P. Candidus, door Sadeler.
314 't Oordeel van Paris, na Hans van Achen, door dito.
315 Chriftus aan 't Kruis, na J. ab Ach, door dito.
316 Een Heylige Famielje, waar by veele Engelen, na en door dito.
317 De Trouw van Maria de Medicis, in 9 plaaten door C. Mojaart.
318 't Kwakzalvertje, door de Gheyn.
319 Een Krygsoverfte, door dito.
320 De 4 Euangeliften, door dito.
321 De Paffie, na C. van Mander, met de titel 13 ftuks, door dito.
322 't Vreedfamich paar, in Houtfnee, extra zeldfaam.
323 St. Sebaftiaan met Pylen doorfchoten, door Muller, na Spranger.
324 Petrus opgenomen en 't Laken vol Dieren, 2 ftuks proefdrukken.
325 De Bifschoppen, 12 ftuks door F. Bloemaart, extra fraye drukken.
326 Johannes in de Woeftyne, door dito.
327 't Vrouwtje met de Kaars, na Honthorft, door dito.
328 De Zondaren en Zondareffen, na A. Bloemaart, door Zwaanenburgh.
329 Zes aartige Landfchapjes, door Julio Goltius.
330 St. Cicilia fpelende op een Clavecimbaal, Houtfnée, raar door Goltius.
331 Adam en Eva in 't Paradys, na dito, door Mattham.
332 De Oorlogswagen, door Goltius.
333 Drie geëtfte Hoofden, door dito.
334 Een Krygsoverften, door dito.
335 Een dito, door dito.
336 Een dito, door dito.

337

337 Een Krygsoverfte, door Goltius.
338 Nicquet, door dito.
339 Gols van Keyferswaart.
340 De 7 Planeetjes, na dito, door Mattham.
341 De Hertog van Arenbergh te paart, door de Baillu, na van Dyk.
342 Vier Titels, door Rubbens.
343 St. Cicilia, fpelehde op de Clavecimbaal, door Bolswert, na dito.
344 St. Rocchus, door Pontius, na dito.
345 Een groote Zwynejagt, door Lauwers, na dito.
346 De Geefseling, na Arpinus, door Sadeler.
347 Paulus op 't Eiland Melytes, door Muller.
348 't Laafte Avondmaal, na P. Candidus, door Sadeler.
349 Twee fraaye Landfchappen, door Nolpe.
350 Twee dito, door Breugel.
351 De Merin, na Flink, door C. van Dalen.
352 De Barmhartige Samaritaan, door Geilenkerke.
353 Maria in Devotie, door A. Bloemaart, Houtfnee.
354 De 12 Maanden, door J. van de Velde.
355 Maria in een Rots, door R. Sadeler.
356 Twee zinnebeeldige op de Dood, door dito.
357 't Vrolyke Huishouden, na M. de Vos.
358 De Verfchyning aan de Herders, na Stradanus, door Galle.
359 Speculum principum, 6 ftuks na dito, door Sadeler.
360 De Ladder Jacobs, door de Bruin.
361 Vier Zinnebeeldige, door Galle.

Rembrandt van Ryn.

362 De Coppenol.
363 De uitdryving uit den Tempel.
364 St. Hieronimus.
365 Een Man met een Kindje.
366 De Liereman.
367 't Spaanfch Heydinnetje.
368 Agt ftuks Hoofdjes.
369 Jofeph zyn Droom vertellende.
370 De Opwekking van Lazarus.
371 Een oude Man en Vrouw.

Catalogue d'Estampes detachées.

372 Een Titeltje zeer raar, voor 't Wapen.
373 Een Mans Hoofd, door J. Lievens.
374 Een dito, door van Vliet.
375 Een dito, door Castilionne.
376 Een Persiaan, Proefdruk.
377 Twee door Quinkhart, en 3 Landschappen.
378 Verscheide fraaye Landschapjes, door J. van de Velden.
379 Ses dito, door Hondius.
380 Verscheide fraye Landschappen.
381 Een Omslag met Titels en Vignetten.
382 Een dito met Printjes van M. Uitenbroek.

Portefeuille L.

Waar in fraaye Printen van Nederlandsche en Fransche Meesters.

383 Les Avantures de Telemaque, d'après Picart, par Folkema & autre habile Graveurs, avec le portrait de Fenelon en XXVI planches.
384 Maria 't beste deel verkiezende, na Coypel, door Simoneau, gr. pl.
385 Tobie se lavant les pieds au bords du Tigre, par le Clerc.
386 l'Aveugle Trompé, d'après Greufe par L. Cars
387 Le Répos de Diane, d'après Jeaurat, par Charpentier.
388 Neptune & Amymone, d'après Boucher, gr. pl.
389 Les deux Confidentes & le Sommeil interrompu, d'après Boucher, par Ouvrier & Beauvais, 2 pieces.
391 Arion sur les Eaux, d'après Boucher, par Pasquier.
392 Le Pêcheur, d'après Boucher, par Chedel.
393 Le Pont Rustique, d'après Boucher, par Chedel.
394 Les quatre parties de l'Année, d'après Boucher, par Daullé, 4 pieces.
395 Les Amours Folâtres d'Andromede, d'après Boucher, par Aveline, 2 pieces.
396 L'amour Oiseleur, Vendageur, Moissonneur & Nageur, d'après Boucher, par Aveline, 4 pieces.
397 Annette & Lubin, d'après Baudoin, par Ponce.

Catalogue d'Estampes detachées.

398 De verlooren Zoon, na Bloemaart, door Saanredam, gr. pl.
399 Venus Endormie, d'après F. le Moine, par Allamet
400 La Malade & le Médecin, d'après Metzu, par Henriquez
401 Les Plaisiers des Buveurs, d'après Ostade, par Pelletier gr. pl.
402 La Colere des Buveurs, d'après Ostade, par Pelletier gr. pl.
403 A. Concert, d'après Michel Angelo, par Chambars.
404 Le Paradis Terrestre, d'après Oudius, par le Bas.
405 Moïse tiré des Eaux du Nil par la Fille de Pharaon, d'après Poussin, par Rousselet gr. pl.
406 l'Adoration des Bergers, d'après Poussin, par Pesne.
407 Jonas jetté en Mer, d'après Poussin, par Vivares gr. pl.
408 —— la même Estampe.
409 Le Serviteurs d'Abraham chez Rebecca, d'après Poussin, par Chéreau.
410 Moïse tirez de l'Eeau, d'après Poissin, par Jeaurat.
411 Les quatres Saisons, d'après Poussin, par Audran, 4 pieces gr. pl.
412 Pyramus and Thisbé, d'après Poussin, par Goupy.
413 Venus servié par les Graces, d'après Patel, par Vivares. gr. pl.
414 Het Hooft van Johannis den Dooper, na Pasinelli, door Vitalba.
415 l'Histoire de Ragotin, d'après Pater, par Jeaurat, 7 pieces.
416 Tempête de Groenlandt, d'après Peters, par Bacheléy.
417 De Opstanding van Christus, na Rubbens, door Bolswert.
418 Een Bacchus, na Rubbens, door Voet.
419 Lions at Play, d'après Rubbens, par Walber.
420 Une Gallerie de Raphael, d'après Raphael, par Bartolus, en 15 feuilles.
421 Tobie recouvrant la vue, d'après Rembrand, par Marcenay.
422 Hagar directed by the Angel to the Well, d'après Swaneveldt, par J. Pye gr. pl.

423 Een zeer fraay gezigt van Engeland, na Smith, door Vivares gr. pl.
424 Een dito, na en door dezelve.
425 Een dito, na en door dezelve.
426 Een dito, na en door dezelve.
427 Een dito, na en door dezelve.
428 Een dito, na en door dezelve.
429 De Miraculeuse Visvangst, na Teniers, door Major gr. pl.
430 Le Riche Laboureur, d'après Teniers, par Halbou.
431 Moison de Flandre, d'après Teniers, par le Bas.
432 La recreation Flamande, d'après Teniers, par Martini.
433 La Marché à faire, d'après Teniers, par Martini.
434 Cornelis Troost, na Troost, door Houbraken.
435 De Badende Juffers bespied, na Troost, door Fokke.
436 De Schilder door Liefde, na Troost, door Tanjé.
437 De Stiefmoer, na Troost, door Houbraken.
338 Hopman Ulric of de bedroogen Gierigheid, na Troost, door Houbraken.
439 La Marchande de Pommes Cuittes de Marrons, d'après Greuse, par Beauvarlet, 2 pieces.
440 La Maman & la Grand Maman, d'après Greuse, par Beauvarlet & Binet, 2 pieces.
441 Le Pere de Famille, d'après Greuse, par Martenasie.
442 Een fraay Zinnebeeld op de Ydelheid, met de spreuk Nosce te Ipsum, na dezelve.
443 Le Tempete, d'après Vernet, par Balechou, gr. pl.
444 Le Vaisseau Napolitain à la Rade, d'après Vernet, par Dufour & Dupin gr. pl.
445 Vue d'Italie, d'après Vernet, par le Bas.
446 Vue d'Italie, d'après Vernet, par le Bas.
447 The Death of the Stag, d'après Wouerman, par Major gr. pl.
448 La Mort d'Adonis, d'après Bianchy, par Martinet, gr. pl.
449 La Fuite en Egypte, d'après de Fetti de Mantoue, par Fischler.
450 Vues de Naples, 8 grandes planches.
451 Plan van den Haag, tweemaal different.
452 ——— 't zelve zeer fraay afgezet 1773
453 Een Dame met een Spinnewiel, na Aved, door Balechou.

Catalogue d'Estampes detachées.

454 N. van der Borcht, na van Dyk, door Vermeulen.
455 Samuel Bernard, d'après Rigaud, par Drevet gr. pl.
456 M. G. Patin, par Masson.
457 Andreas Saccus, na Marattas, door Valet.
458 Pourtrait van Raphael, door Marattus.
459 Crispin, d'après Netscher, par Edelinck.
460 Jaques de Roore, d'après de Roore, par Punt.
461 Jan Steen met zyn Huysvrouw Margrite van Gooyen, na Jan Steen, door Heudelot, 2 stuks.
462 Een fraay Riviergezigt.
463 Een dito, na Boucher.
464 Een dito, door Houel.
465 The Woman taking Coffé, en maniere du Pastel par Marin, avec des Bordures d'oré.
466 La Mere bien aimée, d'après Greuze, par Massard, tres gr. pl. tres belle Epreuve.
467 La Confidence, d'après van Loo, par Beauvarlet.
468 Spranger met zyn Vrouw, na Spranger, door Sadeler.
469 Fontaines, 6 stuks op 3 bladen.
470 De Historie van Adam en Eva in 't Paradys, door Ridinger 8 bladen.
471 Gezigten van Adelyke Huizen, Dorpen, Casteelen &c. door Lamsveld 12 stuks.
472 ―― dito 20 stuks.
473 Het Koninklyke Kasteel tot Ryswyck, met alle deszelfs Kamers en Gezigten 15 stuks.
474 Gezigten van Rotterdam 4 stuks.
475 Plan general du Jardid de M. le Comte de Neihard a Kirchen en Silesie avec XII vues.
476 Willem Carel Hendrik Friso, na van Dyk, door Ottens
477 Dezelve na Aved, door Balechou.
478 Johan Willem Friso, na Vaillant, door van Gunst.
479 Do. Velse.
480 Statue de Louis XV. Elevées a Nancy, d'après Guibal, par Collin 1756
481 Maria van Utrecht, Echtgenoot van J. van Oldenbarneveld, na Mierevelde, door Vinkeles.
482 Het Pourtrait van Do. Spaan, na de la Croix, door Houbraken.

Catalogue d'Estampes detachées.

483 l'Heureux Instant, d'après Villebois, par Danzel.
484 Een Meysje haar Vogeltje beschreijende, door Greuse.
485 Les Habitans de Genezareth, presentant leurs Malades, d'après Dulin, par Cochin gr. pl.
486 Vues des Environs de Bayonne, d'après Vernet, par le Veau 2 pieces.
487 Petri de Montarsis, d'après Coypel, par Edelinck.
488 Vue de Skervin, d'après Ruysdaal, par le Bas.
489 Toutes sortes d'Animaux, par Visscher 11 pieces.
490 Vier Landschappen en een Tekening.
491 Afbeeldinge van de Goude Bekers door zyn Hoogheid aan de Schutterye vereerd, met de Beschryving.
492 Afbeelding op de Vreede 1749.
493 Afbeelding van 't Gebouw in de Hof-vyver 1749 2 bladen.
494 Het Verheerlykt en Verligt 's Gravenhage, in 11 platen.

Zwarte Konst.

495 Lord Torrington, d'après Kneller, par Smith.
496 Lord Hinchingbrooke, d'après Kneller, par Smith bis.
497 G. Kneller, door Smith.
498 Lady Hienriette and Mary, na Wissing, door Smith.
499 The Adoration of the Shepherds, d'après Annibale Caracci, par Aliamet gr. pl.

Portefeuille M.

Waar in Printen van Fransche en Hollandsche Meesters.

501 Les quatre Saisons, door C. S. Duflos, na Bouche.
502 Eleëzar qui demande Rebecca, d'après Cochin, par N. Bartin.
503 Jacob poursuivi Laban.
504 Premier & 2 Clair de la Lune, d'après van der Neer, par Devret 2 pièces.

d'Aprel

Catalogue d'Eſtampes detachées.

d'Après Teniers.

505 Le Bon Mari par le Bas.
506 Le Bon Pere par le Bas.
507 Le Veillard content par le Bas.
508 Le Fumeur par le Bas.
509 l'Ecole du bon Gouſt par le Bas.

d'Après Jeaurat.

510 La Coquette par Haubert.
511 La Dévote par Haubert.
512 La Scavante par Haubert.
513 La Conome par Haubert.

d'Après Watteaux.

514 Le Delaſſements de la Guerre, par Crepy.
515 Les Fatiges de la Guerre, par Scotin.
516 Detachement Faiſant alte, par Cochin.
517 Les Agremens de l'Ete, par J. de Tavenes.
518 La Game d'Amour, par le Bas.
519 La partie Quarrée, par Moyreau.
520 La Collation, par le meme.
521 Le Cascade, par Scotin.
522 l'Accord parfait, par Baron.
523 La Diſeuſe d'Aventure, par Cars.
524 Un Muſicien, par Boucher.
525 Six pieces de l'Hiſtoire d'Alexandre, d'après le Brun, par Audran.
526 Alexander tombe malade, d'après le Sueur, par Audran.
527 l'Education de l'Amour, d'après Touché, par Desplaces.
528 David Teniers & ſa Famille, par le Bas.
529 Penſent ils au Raiſin, d'après Boucher, par le Bas.
530 La Place Maubert, d'après Jeaurat, par Aliamet.
531 La Malheureuſe Famielle de Calas, d'après Carmontelle, par de la Foſſe.
532 Eneas portant ſon Pere Anchiſe, d'après Coypel, par Desplaces.

533

Catalogue d'Estampes detachées.

533 Le Franche Comté Conquise pour la Seconde fois 1674. d'après le Brun, par Cochin.
534 Le Serpent d'Airain, d'après le Brun, par Audran.
535 St. Antoine de Padoue adorant l'Enfant, d'après van Deck, par Rousselet.
536 l'Age Premier, par A. Bloemaart 1608
537 Jupiter se Changent en or, d'après Natier, par Bauvais.
538 Deux pieces, par J. le Ducq 1661
539 Un piece, d'après Cuyp, par Antonium.

d'Après l'Ancret.

540 Conversation Galante, par le Bas.
541 Tirsis gravé, par Silvestre.
542 La Joye de Theatre, par Crepy.
543 Nicaise, par Larmessin.
544 Les deux Amis, par Larmessin.
545 Les Oyes de frere Philippe, par Larmessin.
546 Le Gascon puni, par Larmessin.
547 Mll. Camargo, par Cars.
548 Le Villageois qui cherche son Veau, d'après Vleughels, par l'Armessin.
549 La Courtisanne Amoureuse, d'après Boucher, par l'Armessin.

d'Après van Loo.

550 Halte d'Officiers, par Ravenet.
551 La Chasse a l'Oiseau, par Ravenet.
552 Philis & Iris, par Chereau, 2 pieces.
553 Cupido avec son arc, par Strange.
554 Le Repos de Faucheurs, d'après Lingelbag, par Hendelot.
555 Galatée, d'après Coypel, par Trochon.
556 Chystere, d'après Watteau, par Joullain.
557 Joseph & la femme de Potiphar, d'après Cignani, par Tanjé.
558 The dutih Fishermer, d'après van Goojen, par Vivares.
559 The Happy Peasant, d'après Berchem, par Vivares.

d'Après

d'Après C. Troost.

560 Het St. Nicolaas Feeft, door J. Houbraken.
561 Corps de Garde van Hollandfche Officiers, door Punt en Tanje.
562 Tweede Corps de Garde, door J. Houbraken.
563 't Gevluchte Juffertje of de Wiskonftenaars, door Tanjé.
564 De Hollandfche Kraamkamer, door Tanjé.
565 De Bruiloft van Kloris en Roosje, door Tanjé.
566 De liftige Vryfter of verfchalte Voogd, door Tanjé.
567 De Schyndeugd of geveinsde Droefheid, door Tanjé.
568 Het verliefde Bregje, door Tanjé
569 De Schilder door Liefde, door Tanjé.
570 Arlequin Tovenaar en Barbier, door Tanjé.
571 De Puiterveenfche Regtbank, door Tanjé.
572 De Puiterveenfche Helleveeg aan den Tap, door Tanjé.
573 De Wanhebbelyke Liefde, door Tanje.
574 Vryagie van Reinier Adriaans en Saartje-Janz, door Tanjé.
575 Huwelyks voorftelling aan de Ouders, door Tanjé.
576 Jan Klaaffen of de gewaande Dienftmaagd, door Radigues.
577 Didoos dood, door Fokke.
578 De Trouwftatie van den Prins van Weylburg, door Fokke na Haag.
579 Hiftorie van Sufanna, na Rubens, door Vorfterman, 1620
580 Chriftus aan 't Kruys, na van Dyk, door Vorfterman, 1620
581 Drie Bybelfche Gefchiedeniffen, na Bloemart, door Saanredam, 1604
582 Jupiter by Pomona 1605. na Bloemart, door Saanred.
583 Een Bachus, door denzelve.
584 Venus en Cupido, na G. Flinck, door C. v Daalen.
585 Een Boere Gezelfchap, na Oftade, door Schagen.
586 Jacob verkrygende de Eerftgeboorte, na Morcels, door Swaanenburg.
587 De Stal te Bethlehem, na Baffan, door Sadeler 1599
588 Vegtende Boeren, na ter Burch, door Syderhoef.

589 De Geneezing van den Blinden, na Pouſſin, door Chuſteau.
590 Chriſtus aan 't Kruys, na Pouſſin, door Chaureau.
591 Kindermoord te Bethlehem, na Rubbens, door Pontius, 2 bladen.
592 Arnaud & Armide, d'après van Dyk, par de Joode 1644 en bis door P. de Baillu.
593 Urſula met haar Maagden, door P. Candid.
594 St. Cicile, na Rubens, door Witdoek.
595 De Rottenvanger, door C Viſſcher.
596 Een Arme Vrouw met haar Kinderen, door dezelve.
597 Petrus in vetruking van Zinnen.
598 Twee Tytelplaaten.
599 Een Gezelſchap, door L van Lynden.
600 Flora, door Loire chez Langlois.
601 Een oude Dame aan haar Toilet ziende in de Spiegel.
602 Staatkundige Printverbeelding wegens den Staat der Engelſche Natie 1778. 2 ſtuks met de Verklaaring.

Portefeuille N.

Vervattende zeer zeldzaame Printen door de Oudſte Nederlandſche Meeſters.

Houtſneden.

603 De Paſſie, 6 ſtuks door Lucas Cranach.
604 Coornhart, door van Sichem.
605 Hercules Antæus doodende.
606 St. Chriſtoffel en een ander.
607 Een Ecce Homo.
608 De Martelisatie van St. Laurentius.
609 Chriſtus verſchynt aan een H. Maagt.
610 Een Zinnebeeldige.
611 Armoede en Rykdom.

J. Wierix.

612 De Hiſtorien van de H. Maagt, 6 ſtuks.
613 Drie diverſe.

614

Lucas van Leiden.

640 Judith en Sifera, door Saenredam.
641 Een Temtatie en een ander.
642 De Wegzending van Hagar en een ander.
643 Johannes in de Woeſtyne en een ander.
644 David 't Hooft van Goliath dragende en de Copye.
645 Een Landſchap met veele Beelden.
646 De Hiſtorie van Joſeph, 5 ſtuks.
647 St. Lucas en St. Marcus.
648 De Doping van Johannes, en Chriſtus met Maria.
649 Drie ſtuks Heylige voorwerpen.
650 De Aanbidding der Koningen.
651 De Heilige Famielje.

Aldegrever.

652 Twaalf ſtuks Deugden en Ondeugden.
653 De Geſchiedenis van Lazarus en de Ryke Man, 4 ſtuks.
654 Drie ſtuks Hiſtorieele.
655 Drie diverſe.
656 Vier dito.
657 Frederich Hertog van Saxen.
658 Ses ſtuks differenten.
659 Loth met zyn Dogters en 7 anderen.
660 Negen ſtuks diverſe.

George Pens.

661 De Geſchiedenis van de Samaritaan, 6 ſtuks.
662 Joſeph zyn Droom vertellende.

Hans Sebald Beham.

663 De twaalf Apoſteltjes, zeer fraay.
664 Lucas Gaſſelius.
665 Twee Zinnebeeldige.

Portefeuille O.

Waar in fraaye Prenten van Italiaanfche, Franfche en Hollandfche Meefters.

d'Après Guide Rheni.

666 St. Jean Baptifte dans le Defert, *par Pafcal P. Moles gr. pl.*
667 Fortuna, *par Strange gr. pl.*
668 Liberality and Modefty, *par Strange gr. pl.*
669 Bacchus vuidant un Flacon de Vin, *par Camerata fol.*
670 La Vierge accompagné de St. Jerome, de Crispin & St. Crispinienne, *par Surugue gr. pl.*
671 Apparition de J. C. a la Vierge, *par Tardieu gr. pl.*
672 Erigone, *par Vermeulen gr. pl.*
673 Joseph & la Femme de Potiphar, *par Strange gr. pl.*
674 Painting and Defign, *par Ravenet gr. pl.*
675 Embleme fur la Naiffance d'un Infant d'Efpagne, *d'adrès N: Hallé, par P: P: Moles pap. Roy.*
676 Vue de la Bourfe de Dunkerque, *d'après Hardy, par Pl. Choffard gr. pl.*
677 Mlle fa Sœur, *d'après Heillman, par Chevillet pap Roy.*
678 Compagnie des Payfans Chantans, *d'après E. Heemskerk, par J. Goldar pap. Roy.*
679 Le Charme de la Mufique, *d'après de la Hyre, par Chevillet pap. Roy.*
680 Le Joli dormir, *d'après E: Jeaurat, par E: C: Tournay Femme Tardieu gr. pl.*
681 Venus & Adonis, *d'après E: Jeaurat, par R: Gaillard gr. pl.*
682 Le Berger Conftant, *d'après E: Jeaurat, par N: Dufour gr. pl.*
683 Le Garçon Jardinier, *d'après E: Jeaurat, par N: Dufour gr. pl.*
684 Naiffance de Venus, *d'après Jeaurat, par Aubert, pap. Roy*
685 Zemire en Azor, *d'après Ingouf l'Aîné, par Ingouf Frere pap. Roy.*

686 Siege de Calais, & Portrait de P: L: de Belloy, d'après N: R: Jollain, par L: Lempereur gr. pl.

d'Après L. Jordan.

687 Hercule & Omphale, par Duflos gr. pl.
688 Ariadne abandonné dans l'Isle de Naxos, par Bafan gr. pl.
689 La Mort de Seneque, par Aveline gr. pl.
690 Rebecca recevant les presens d'Eliefer, par Wagner gr. pl.
691 Entrevue de Jacob & de Rachel, par Wagner gr. pl.
692 Artemise, par Elluin gr. pl.
693 Chasteté de Joseph, par L: Desplaces pap. Roy.
694 La Musique, les Forces Mouvantes, la Peinture & l'Architecture, cahier de 4 pieces, d'après J: la Joue, par N. Tardieu & N. Cochin pap Roy.
695 Hylas & Nymphis raptus, d'après Julio Romano, par Petrus Sanctus Bartolus gr. pl.
696 St. Famille appellée la Vierge au Bassin, d'après Julio Romano, par Flipart gr. pl.
697 La Cuisine Allemande, d'après Juncker, Beauvarlet exc. gr. pl.
698 Le pour boire employé, d'après G: M: Kraus, Bafan exc. pap. Roy.
699 La Ratisseuse, d'après G: M: Kraus, par Chouab pap. Roy.
700 Le gouté Rustique, d'après G: M: Kraus, par Schwab & Halm pap. Roy.
701 The Farm Yard, d'après P: D: Laer, par P. C. Canot gr. pl.
702 Les Amours du Bocage, d'après N: Lancret, par N: de Larmessin gr. pl.
703 Le Petit Chien qui secoue de l'Argent & des Pierreries, d'après N: Lancret, par de Larmessin pap. Roy.
704 Separation de St. Pierre & de St. Paul, d'après Lanfranc, par St. Picart gr. pl.
705 Bacchus & Ariane, d'après F: Lagrenée, par Voyez l'Ainée gr. pl.
706 La Melodie, jeune Nymphe repetant les Leçons du Dieu Pan, d'après L: Langrenée, par A: F: Hemery pap. Roy.

707

707 Supplice de Marsyas, *d'après Langetti, par Zucchi* gr. pl.
708 Plan, Elevation de Windsor Castle, *d'après Batt Langley, par Th. Langley* en cinq gr. pl.
709 La Pudeur, *d'après Lattinville, Basan exc.* pap. Roy.
710 l'Anneau de Hans Carvel, *d'après Laurin, par Aveline* pap. Roy.

d'Après C. van Loo.

711 Mars & Venus, *par C. le Vasseur* gr. pl.
712 Chasse aux Ours, *par J. J. Flipart* gr. pl.
713 Mariage de la Ste. Vierge, *par C. Dupuis* gr. pl.
714 l'Amour avec son Carquois, *par R. Strange* pap. Roy.
715 l'Amour Menaçant, *par C. de Mechel* pap. Roy.
716 Les Graces, *par J. J. Pasquier* gr. pl.
717 La Gaieté, *par P. C. Levesque* pap. Roy.
718 La Confidence, *par J. Beauvarlet* gr. pl.
719 La Comedie, *par Salvador* gr. pl.
720 La Tragedie, *par Salvador* gr. pl.
721 Triomphe de Silene, *par Dupuis* gr. pl.
722 Jupiter & Anthiope, *par Tessard* gr. pl.
723 Halte d'Officiers, *par Ravenet* pap. Roy.
724 Chasse à l'Oiseau, *par Ravenet* pap. Roy.
725 Le Faune enchainé, *d'après Ph. Lor, par le Vasseur* pap. Roy.
726 Temple en l'Honneur de la Deësse Venus, *d'après le Lorrain, par Patte* gr. pl.
727 A view of the Porte Mole naer Rome, *d'après C. Lorraine, par T. Major* gr. pl.
728 Retour des Champs, *d'après C. Lorraine, par F. Godefroy* gr. pl.

d'Après P. J. Loutherbourg.

729 Paysage avec Animaux, en rond, *par P. Laurent,* N. 4. gr. pl.
730 Autre Paysage avec Animaux, en rond, *par P. Laurent* N. 5. gr. pl.
731 Autre Paysage avec Animaux, en rond, *par P. Laurent* N. 6. gr. pl.
732 Le Prisonnier, *par A. Romanet* pap. Roy.

733 Le Prifon, par A. Romanet pap. Roy.
734 Le Repos du Berger, par Laurent gr. pl.
735 Vûe de Mondragon en Dauphiné, par Laurent gr. pl.
736 l'Enfant Jefus a la Creche, adoré par fa Mere, d'après C. Maratte, par Jardinier gr. pl.
737 La Vierge confiderant l'Enfant Jefus endormi, d'après C. Maratte, par Daullé gr. pl.
738 Jupiter & Semele, d'après P. Matthée, par Daullé gr. pl.
739 Apollon & Galathée, d'après P. de Matthei, par P. Moitte gr. pl.
740 Vue de la Ville de la Haye & Maifon du Prince d'Orange, d'après Merkeln, par Lucas gr. pl.
741 La Riboteufe Hollandoife, d'après Metzu, par Daullé pap. Roy.
742 La Hollandoife Studieufe, d'après Metzu, par Pelletier pap. Roy.
743 Le Chaffeur endormi, d'après Metzu, par Pelletier, pap. Roy.
744 Double Tentation, d'après Mieris, par Menil pap. Roy.
745 Mariage de St. Catherine, d'après Mignard, par Poilly gr. pl.
746 Diane and Califte, d'après Lemoine, par Walker gr. pl.
747 Les vœux du Peuple confirmés par la Religion, d'après Monnet, par Née & Masquelier pap. Roy.
748 The Origin of Drawing, d'après J. Mortimer, par Ravenet gr. fol. obl.

d'Après C. Natoire.

749 Le Triomphe d'Amphitrite, P. E. Moitte gr. pl.
750 Le Triomphe d'Amphitrite, par C. Duflos gr. pl.
751 Le Triomphe de Bacchus, par C Duflos gr. pl.
752 Diane au Bain, par L Desplaces pap. Roy.
753 Diane Dormant, par L. Desplaces pap. Roy.

d'Après Nattier.

754 La Nuit paffe l'Aurore paroit, par Maleuvre gr. pl.
755 Flore a fon Lever, par Maleuvre gr. pl.
756 Mlle la Ducheffe de *** en Hebé, par Hubert gr pl.

757 La Chasseuse aux Cœurs, par *Henriques* pap. Roy.
758 Mad. de *** en Flore, par *Voyez le Jeune* pap. Roy.
759 G. Netscher, son Epouse & son Fils, d'après *G. Netscher*, par *Fr. David* gr. pl.
760 The Young Bird Catchers, d'après *G. Netscher*, par *W. Walker* pap. Med.
761 A Musical Conversation, d'après *G. Netscher*, par *J. M. Delatte* gr. pl.
762 Le Caffé Hollandois, d'après *A. v. Ostade*, par *J. Beauvarlet* gr. pl.
763 Le Bal, d'après *A. v. Ostade*, par *Suyderboef* gr. pl.
764 Les Coups de Couteau, d'après *A. v. Ostade*, par *Suyderboef* gr. pl.
765 Le Jeu de courte Boule, d'après *A. v. Ostade*, par *Benazech* gr. pl.
766 Vaisseaux présentés au Roi pour les Provinces de France, d'après *N. Ozanne*, par *Pevost* gr. pl.
767 Les Ruines de l'Attique, d'après *J. P. Panini*, par *J. B. Lorraine* gr. pl.
768 Les Ruines de Peloponese, d'après *J. P. Panini*, par *P. F. Tardieu* gr. pl.
769 Ruine Grecque, d'après *J. P. Panini*, par *J. P. le Bas* pap. Roy.
770 Les trois Colonnes de Campo Vaccino, d'après *J. P. Panini*, par *E. C. Femme l'Empereur* gr. pl.
771 Venus & l'Amour, d'après *Parmesan*, par *L. Desplaces* pap. Roy.
772 La Vierge assise sur un Gradin entre Sebastien & St. Francois, d'après *Parmesan*, par *le Mire* pap Roy.
773 l'Agreable rencontre, d'après *Patel*, par *Benezech* gr. pl.
774 l'Aimable entrevue, d'après *Pater*, par *J. Tardieu* pap. Royal.
775 Le Bain, d'après *Pater*, par *Cl. Duflos* pap. Roy.
776 Les Aveux indiscrets, d'après *Paterre*, chez *de Larmessin*, pap. Roy.
777 Le Baiser rendu, d'après *Paterre*, par *Fillecul* pap. Roy.

d'Après Paul Veronese.

778 l'Enlevement d'Europe, par *L. Desplaces* gr. pl.
779 Un Portement de Croix, par *Preisler* gr. pl.

780

780 Famille d'un noble Venetien conduit aux pieds de la Vierge &c. *par Kilian gr. pl.*
781 Adoration des Rois, *par Kilian gr. pl.*
782 La Jardiniere en repos, d'après Peters, *par le Vasseur, gr. pl.*
783 l'Amour Maternelle, d'après Peters, *par Chevillet pap. Roy.*

d'Après J. B. M. Pierre.

784 Harmonia, *par C. N. Cochin gr. pl.*
785 Venus & l'Amour, *par Leveque gr. pl.*
786 Endymion, *par Delaunay gr. pl.*
787 Marché au Poisson, *par Pelletier pap. Roy.*
788 Titon & l'Aurore, *par l'Empereur gr. pl.*
789 Le Galant Jardinier, *par de F*** pap. Roy.*

d'Après M. Preti.

790 l'Incredulité de St. Thomas, *par Canale & Beauvarlet gr. pl.*
791 Martyre de St. Barthelemi, *par Wust pap. Roy.*
792 St. Pierre delivré de Prison, *par Compoya gr. pl.*

d'Après J. B. le Prince.

793 Le Moineau retrouvé, *par R. Gaillard gr. pl.*
794 La Recreation Champetre, *par R. Gaillard gr. pl.*
795 Archimede, *par R. Gaillard pap. Roy.*
796 La Lettre envoyée, *par N. de Launoy pap. Roy.*
797 La Lettre rendüe, *par N. de Launoy pap. Roy.*
798 Le Cabaret, *par R. Gaillard gr. pl.*
799 Le Medecin Clairvoyant, *par Helman gr. pl.*
800 l'Amour du Travail, *par Chevillet pap. Roy.*
801 l'Amour des Fleurs, *par Chevillet pap. Roy.*
802 Une St. Famille, d'après Procacciny, *par Camerata pap. Roy.*

d'Après St. Quintyn.

803 Bacchanal, *par F. Deschamps femme Beauvarlet gr. pl.*
804 Venus endormie, *par Littret pap. Roy.*

805 Diane endormie, *par Litret* pap. Roy.
806 Les Garants de la Filicité publique, *par Masquelier* pap. Roy.

d'Après Quevardo.

807 Les Aveux Sinceres ou les Accords de Mariage, *par Martini* pap. Roy.
808 Le Levé de la Mariée, *par Dembrun* pap. Roy.
809 Le Couché de la Mariée, *par Paias* pap. Roy.
810 Les Baigneuses Champetres, *par Dembrun* pap. Roy.
811 Les Amours du Bocage, *par Dembrun* pap. Roy.

d'Après J. Raoux.

812 Le Vieillard Surveillant, *par F. Voyez Minor*, pap. Royal.
813 Repos de Venus & les Graces au Bain, *par J. Daullée* gr. pl.
814 Sacrifice a Priape, *par Beauvarlet* gr. pl.
815 La Pretresse de Vesta, *par Bertin* pap. Roy.
816 Les Cartons de Raphael, *par Tovello*, 5 pieces pap. Roy.

d'Après Rembrand.

817 Bathseba au Bain, *par Moireau* gr. pl.
818 J. Christ crucifié entre les Larrons pap. Med.
819 The Lord of the Vineyard paying his Labourers, *par S. F. Ravenet* gr. pl.
820 Le Seigneur Guerissant les Malades, connu sur le titre de piece de 100 Florins, copié pap. Roy.
821 Sacrifice de Manoach, *par Houbraken* gr. pl.
822 Disciples d'Emaus, *d'après Restout*, *par P. Chenu* gr. pl.
823 Flore, *d'après H. Rigaud*, *par S. Vallée* pap. Roy.
824 Vue d'Italie, *après Roas*, *par P. Laurent* gr. pl.

Portefeuille P.

Waar in zeer oude stukjes van diverse Hollandsche Meesters.

825 Zes stukjes van Sadeler, na M. de Vos 1570
(E)
826

826 Vyftien differente ftukjes opgeplakt, door IC B 1529
827 Elf anderen, van dezelve.
828 Negen dito, van dito.
829 Dertien dito, van dito.
830 Een dito, van dito 1529
831 Tien andere ftukjes, door Stephanus &c.
832 Tien dito, door dito.   833 Negen dito dito.
834 Agt dito waar onder van 1568 en 1569.
835 Een Wapen van Vrankryk, door Sin Baftan.
836 Negen ftukjes opgezet van A: Boffe.
837 Vyf dito van A. Heckins en vier anderen.
838 Zes ftukjes zynde Phineus, Andromeda &c.
839 Zes dito, na Paul van Somer.
840 Negen dito waar onder een van 1541
841 Zes dito different.   842 Zeven dito anderen.
843 Vier dito anderen.
844 Een fraaye Print, door L. C. 1509
845 Twee ftukken, als boven 1509 1510
846 Vier ftukjes, door Cormet 1539.
847 Bruiloft te Canaan, na H. Janffen.
848 De Gulde Eeuw, na Bloemart.
849 Twee ftukjes, door B: Gheyn.
850 Het laatfte Oordeel, na Mich: Angelo, door J: Wierings.
851 Jofeph voor zyn Ouders en Broeders.
852 Twee andere en eenige dito kleynder.
853 Joannes en Maria by het Kruys, door M: S.
854 Het zelve met de Krygsknegten, door M: S.
855 Chriftus in den Hof en in het Graf, 2 ftuks door M: S.
856 Chriftus en Maria, door M: S.
857 Twee andere dito, door M: S.
858 Ses ftuks Wapenen, door M. S. opgezet.
859 Vier ftuks anderen door M. S. en vier zonder naam.
860 Zeven fraay, door P. G. 1543
861 Vier ftuks uyt de Hiftorie van Tobias, door P. G.
862 ——— dito van Abraham, door P. G.
863 Vyf dito, door dezelve.
864 Zeven dito, door P. G. 1539—1546
865 Elf dito, door P. G.
866 Tien dito, door P. G.   866* Zes dito.

867

Catalogue d'Eftampes detachées.

867 Nero, Sabina Neronis Uxor en Auguftus, 3 ftuks door Suavius.
868 Portraiten van de Zaligmaker, eenige Profeten en Apoftelen, door Suvaius 1545 1547 1548
869 De Opwekking van Lazarus, door L. Suavius 1544
870 Twee door P. Gall na M. Gerarts, en een ander.
871 Twee-en-twintig ftuks Sibillen, door L. Lombartus.
872 Agttien met Heidenfche Goden, door J. Brink 1530
873 Zeven ftuks Deugden, door dezelve.
874 De drie Gratien en 7 anderen.
875 Een Boekje met drie-en-dertig ftuks opgezet.
876 Drie-en-twintig Bybelfche Hiftorien, door Weigel.

Portefeuille Q.

Vervattende zeer fraye Geëfte en Gegraveerde Prenten, door en naar de voornaamfche Franfche Meefters.

877 Een fraay eigen Geëft Landfchap, na Wouerman, door Mafurier.
878 Depart des Comœdiens Italiennes, na Watteau, door Jacob.
879 Le Penitent, door Filleul.
880 La Frileufe & la Fleurifte, na Greufe, door Moitte.
881 Le Menage ambulant, na dito door Binet.
882 Petite chaffe aux Canards, en preparatif pour la Peche, na Lafanova, door du Four.
883 Manoach met den Engel, na le Brun, door Desplaces.
884 Een Charitas, na dito door dito.
885 Elias en Baals Priefteren, na en door dito.
886 Maria en Elifabeth, na dito, door F. Poilly.
887 't Kindeke en de Draak, door Edelinck.
888 De trouw van 't Kindeke met St. Catryn, door Picart.
889 Petrus op 't water tot Chriftus komende, na Lanfranc. door Dorigny.
890 De Waarheidt ten Hemel opgenomen, na Coypel, door Desplaces.
891 Armida by de Slapende Renaud, na Pouffin, door Audran, zeer fraay.

(E 2) 892

Catalogue d'Estampes détachées.

892 De H. Famielje in een Landschap, na Titiaan, door dito.
893 Een Ecce homo, na Michel Angelo, door Basan.
894 Maria met 't Kinje, na Rafael, door van Schuppen.
895 St. Antonius Predikende voor de Vogelen, door le Bas.
896 Democritus, door Coypel.
897 Ses Landschappen in de Hoogte, na Asselin, door Perelle.
898 Vier stuks, door Mellan.
899 Een Heylige Famielje, door Dorigny.
900 Maria met 't Kindje, door Daret.
901 Cupido en Psiche, door Mellan.
902 Twee Landschapjes met Saters, door Chapron.
903 Dansende Nympjes, door Bouchardon.

Sebastiaan Bourdon.

904 Moses in 't Braambos.
905 Jacobs Vlugt van Laban.
906 Twee H: Famieljes.
907 Twee vlugten na Egypten.
908 Twee H: Famieljes.
909 Een Zinnebeeldige op de Jagt.
910 De Boodschap, de Ontmoeting, en de verschyning aan de Herders
911 Twee H: Famieljes.
912 Twee Rusten op de Weg na Egypten.
913 Een dito by een Boom.
914 Maria 't Kindje te drinken gevende.
915 Een zeer fraay en raar Werkje, bestaande in 6 stuks H. Famieljes, en twee dubelde dus 8 stuks.
916 Een vlugt na Egypten.
917 Twee dito.

Sebastiaan le Clerc.

918 La Passion, & les Actions du Pretre a la Sainte Messe, 35 stuks.
919 Gierusalemne Liberata de Torquato Tasso, 22 stuks.
920 Recueil de diverses Figures Turques, 20 stuks.
921 Drie-en twintig over 't Perspectief in Gesigtkunde,
922

922 Vyf en zeſtig Medailles.
923 Vyftien Romeinſche Letters.
924 't Bybeltje, 66 ſtuks.
925 De Ovidius, 36 ſtuks.
926 Labyrinthe de Verſailles, 40 ſtuks.
927 Seſtien Titels, &c.
928 Elf diverſe.
929 Vier Spelende Gezelſchappen.
930 *Vyf* Graftombes.
931 Twee en twintig *V*ignetten.
932 Bataille de Caſſel.

Deze zeer fraaye Collectie van le Clerc uitmakende te zamen 381 ſtuks zal met 't daar by zynde in Rood Maroquyne, verguld op plat en ſnede, gebonden Boek, in eenen Koop worden verkogt.

Zwarte Konſtprinten.

933 Lady Sarah Bundbury, offerhande doende aan de drie Gratien, aller eerſte Proef en omberdruk, door E: Fiſcher, extra ſchoon.
934 Bacchus en Ariadne, door B. Lens.
935 't Oordeel van Paris, door dito.
936 Een Landſchap met Vogels, door Schmidt.
937 H: van Born, door Bloteling.
938 J: van Huyſem, door van Halen en *L*. Bakhuyſen.
939 A: Boudan, door Sarabat.

In manier als Teekening.

J. Cootwyk.

940 St. Franciscus, na Bloemaart.
941 't Landſchap, na Berchem.
942 De Hagar, na le Sueur.
943 't Slapend Kindje, na Watteau.
944 't Zeetje, na Bakhuiſen.
945 Dezelve nog eens veel minder opgemaakt en dus extra raar.

946

Catalogue d'Estampes détachées.

946 't Lezend Mannetje, na van den Eekhoudt.
947 De Ruine, na Jan Lievens.
948 Venus aux Colombes, door Bonnet.
949 Twee fraaye getekende Landschappen.

Portefeuille R.

Waar in diverse Printen.

950 Emblematique, Romanell inv. C. Blomaert.
951 Pourtrait de Mr. Pope, G. White.
952 St. Nicolas préchant au Désert, Callot.
953 Une Fuite en Egypte, Carace inv. Prou sc.
954 Une Adoration des Bergers, Saadler.
955 Fatum Romanorum Assyriorum, &c. 4 Stuks.
956 Portrait du Marechal Laudon, Flessinge.
957 Amusement de Campagne, par Vatteau.
958 l'Eté, d'après le même, Moireau sc.
959 Le Passetems, d'après le même, Audran sc.
960 Repos de Campagne, d'après le même, Desplaces sc.
961 Le Lorgneur, d'après le même, Scotin sc.
962 Les Amusemens de Cythere, d'apés le même.
963 Le Bal Venitien, d'après le même.
964 Quatre Statues, C. Blomaert sc.
965 Une Danse de Paysans, J. Stella.
966 Vue de Mer, de la Bella.
967 Adoration des Rois, Boulogne, Huarto sc.
968 St. Famille, Guide, Rouhilloft sc.
969 Trois differentes pieces.
970 Emblematique, Romanell, Bloemaart sc.
971 Poesies Pastorale, Picart.
972 Emblematique, le même.
973 Bapteme de St. Jean, Mullet.
974 Mort de Creuse, Vleugels, Jeaurat sc.
975 Jupiter Nourris par une Chevre, Pool.
976 Les quatre Saisons, Bloemaart.
977 Un Paysage ou St. Jean, Carace.
978 Trois differentes pieces, Corneille inv. Mariette sc.
979 La Gallerie du Roi, 6 pieces par Surrugue.
980 Abraham Sacrifiant Isaac, P. Goos.

981 Une St. Famille, M. Saedler.
982 Un Ange qui presente la Coupe, Piazza inv. Saedler.
983 Tancrede, Pasqualinus.
984 Une St. Famille, Rafael Urb. Vorstermans.
985 La Femme de Potiphar, Jode.
986 Une Ascension, Celius. S. Picart.
987 Un Emblematique, Corege, S. Picart.
988 Hercule & Omphale, Jeaurat, Tessard.
989 Venus & l'Amour, 2 pieces, Boucher, Tessard.
990 Une Gloire. Vouet inv., Dorigny.
991 Six Figures Academiques, van Loo.
992 Neegentien Gezigjes, Perelle.
993 Temple de Salomon, 8 pieces.
994 Templum Jovis, 2 pieces.
995 Deux Paysages, Hugardius.
996 Sept Animalia, 7 pieces, Berghem, de Wit.
997 Quatre Evangelistes, 4 pieces, Berga.
998 Deux Enfans, 2 pieces, Robert. Vournay.
999 De Getrouwen Harder van Guarin 12 stuks.
1000 Differente geëste, 4 stuks.
1001 Dertien Zinnebeeldige met 't Portrait van Testa.
1002 Statue Insigniore, 20 pieces, Complet, Preisler.
1003 Venus, Nattier inv. l'Epicier.
1004 Le retour de Chasse & Erigone, 2 pieces, Duflos.
1005 Les Elemens, 4 pieces, H. Vleugels, Surrugue.
1006 Livre de Dessein, 4 pieces, van Loo.
1007 Le pouvoir de l'Amour, van Loo.
1008 Thetis & Achille, Jeaurat.
1009 Six Figures Academiques, 6 pieces, Bouchardon.
1010 Le Nourisson & le Bain, 2 pieces Damouchel.
1011 Pourtrait de Louis de Boulogne, Surrugue.
1012 Paysages, 6 pieces van der Meulen.
1013 Le Vieillard enseigne a deux Enfans, Hale.
1014 Une Vue de Mer, Major.
1015 Les Saisons, 4 pieces.
1016 A Femme Avare Galant Ecroc, Larmessin.
1017 Le Faucon, le même.
1018 Naissance de Marie, Albanus.
1019 La Matrone, le Glouton, le Savetier & le Cocq Battu, 4 pieces, Paterre.
1020 Une Fuite en Egipte, Carace, Prou.
1021 Repos de Galathée, Desplaces.

1022 Une Vierge & Jesus, Rembrant.
1023 Le Joueurs de Musette, le même.
1024 Conception de la Vierge., Maratte, Dorigny.
1025 St. Charles, le même.
1026 Venus & Adonis, Poussin, Earlom.
1027 Les suplices des Malfaiteurs, Callot, Israel sc.
1028 Le cinq Sens, 5 pieces, Picard.
1029 Susanne au Bain.
1030 Dircette.
1031 l'Enlevement d'Europe, Hortemels.
1032 Une Chasse, Callot inv. & sc.
1033 Midas & Jupiter, 2 pieces, Schavon.
1034 Le Bapteme de St. Jean, Coypel.
1035 Prince & Princesse d'Orange, 2 pieces, van Dyk.
1036 Venus & Diane, 2 pieces, Boucher, Courtois.
1037 Bacchus, Vatteau inv. Tessard.
1038 Le Sommeil & le Reveil, 2 pieces, Boucher.
1039 Portrait d'un Prelat, Nanteuil.
1040 Portrait de Wilhem Carel Henri Friso d'Orange, Balechou.
1041 Portrait.
1042 Jesus au Jardin d'Olive & St. André, 2 pieces.
1043 Quatre Paysages, Carace.
1044 Promethée, Jeaurat, Tessard.
1045 Un Paysage & deux autres, 3 pieces, Sommer.
1046 Apollon & Galathée, Moite.
1047 l'Incendie de Batavia.
1048 Deux differentes pieces, Picart
1049 Le Vieillard content, Renier.
1050 Erato & Eutope, Vleugels, Jeaurat.
1051 Deux Martirs, Testa.
1052 Emblematique, Salvator Rosa.
1053 Danaé, Marne.
1054 Emblematique, Picart.
1055 l'Enfant Jesus, Marattus inv.
1056 Danaé, Natrier, Beauvais.
1057 Venus au Bain, Jacob.
1058 Calliopé, Mignard inv., Jeaurat.
1059 La Belle Femme de Chambre, Avelline.
1060 Chinese Chronoscope.
1061 St. Marguerite, Persyre.
1062 Quatorze differentes pieces.

1063 differens Génies de la Sculpture, Vasseur.
1064 La Mort de Didon, Vouet, Sandrat.
1065 La Naissance de Jesus.
1066 Emblematique, Testa.
1067 Un Sacrifice.
1068 Nimphe de la Chasse.
1069 Qurtorze differentes pieces.
1070 St. Paul, Lis inv. Visscher sc.
1071 Les Amusemens de Cithére, Surrugue.
1072 St. Cecile, Tanjé.
1073 Les Saisons, 4 pieces, le Brun, Surugue.
1074 La Mort de Didon, Vleugels. Jeaurat.
1075 Emblematique, Mignard, Scotin.
1076 Musique, Mignard, Vermeulen.
1077 Les quatre Nations, le Brun, Surugue.
1078 La petite Chasse, Wouwerman.
1079 l'Instant Critique, Tenier, Basan.
1080 La Lecture Diabolique, le même.

Portefeuille S.

Waar in Printen van voorname Meesters.

1081 De Maagt in Glorie, na Dominiquien.
1082 Maria aan de voet van 't Kruys, na Champagne, door Edelinck.
1083 Flore, na Rigaud, door Valée.
1084 Dooping Christi, na Poussin, door Audran.
1085 Dido's Dood, na P. Testa, door G. C Testa.
1086 De Vrouwe by 't Graf, na Ann Carache, door Roullet.
1087 H. Familie, Elizabeth, St. Jean, &c. na Bourdon, door Natalis.
1088 Schouwtoneel der voorvallen in 1676, door Romyn de Hooghe.
1089 Jupiter & Leda, d'après A Correge, par Duchange.
1090 De Dood van Sapphira, na Poussin, door Pesne.
1091 Maria heeft het beste deel uytverkoren, na Dominequien door Simonneau.
1092 Een H. Familie, Elizabeth en St. Jan, na Poussin, door Natalis.

1093

1093 Aanbidding der Herders, *na Ann. Carache*, *door Simonneau*.
1094 Maria met 't Kindſe en Johannis in Ovaal, *na N. Lays*, *door A. Loyr*.
1095 Paulus in Verrukking, *na Pouſſin*, *door Pesne*.
1096 Geneezing der Zieken, *na Pouſſin*, *door Stella*.
1097 De Toverboeken te Epheſen verbrandt, *na le Sueur*, *door B. Audran*.
1098 De Paus met Zinnebeelden, *door Stella*.
1099 't Laatſte Oordeel, in rond, *door Sadeler*.
1100 Job op de Miſthoop beſpot, *door Neffſo*, *na Segers*.
1101 Een groot Landſchap met Beeſten, *na Berghem*, *door Aveline*.
1102 Een Bacchus Feeſt, *na Ann. Carache*, *door Poilly*.
1103 Jeſus waſt de Voeten der Apoſtelen, *na Bertin*, *door Chareau le Jeune*.
1104 De Nagt, *na Berghem*, *Schenk exc*.
1105 Venus brengt de Wapenen aan Æneas, *na A: Coypel*, *door Poilly*.
1106 Vertumnus en Pomona, *na Rigaud*, *door Deſſier*.
1107 De Opwekking van 't Dogtertje van Jairus, *na la Foſſe*, *door Moyreau*.
1108 De Kruyciging van Petrus, *na le Brun*, *door Picardt le Romain*.
1109 Petrus en Johannis genezen den Geraakte, *na Sigolius*, *door Dorigny*.
1110 St. Ildephonſis, *na Rubbens*, *door Witdoek*.
1111 Maria's Hemelvaart, *na Vouet*, *door Dorigny*.
1112 De Afneeming van 't Kruys, *na Rubbens*, *door Vorſterman*.
1113 De Familje van den Dauphin, *door Thomaſſin*.
1114 Carolus de Longueval, *na Rubbens*, *door Vorſterman*.
1115 St. Franciscus de Hoſtie ontfangende, *na Rubbens*, *door H. Snyers*.
1116 De Kindermoord te Bethlehem, *na Rubbens*, *door Pontius*, 2 bladen.
1117 De Engelen Val, *na Rubbens*, *door Ragot*.
1118 Tomirus laat het Hooft van Cyrus afhouwen, *na Rubbens door du Change*.
1119 Chriſtus op de Wolken, de Aanbidding der Wyzen uyt 't Ooſten, *na Rubbens*, *door Vorſterman*.
1120 Æccides, *na Rubbens*, *door Soutman*.

1121 Verfchyning aan St. Roch, *na Rubens.*
1122 Simon in den Tempel, *na Rubens.*
1123 Bacchus met de Mande met Druyven, *na Rubens door Voet.*
1124 Een Print na Rubens.
1125 Een Leeuwen Jagt, *na Rubens.*
1126 Maria met het Kindje in Glorie, *na Rubens, door Viſſcher.*
1127 Herodias met het Hoofd van Johannis, *na Quellinus.*
1128 De vier Evangeliſten.
1129 De Trouwing van St. Catharina, *na Rubens, door de Jode.*
1130 Een Landfchap, *na Rubens, door Bolswert.*
1131 De Slapende Diana en haar Nimphen door de Saters befpied, *na Rubens, door Louys.*
1132 H. Familie, Elizabeth en St. Jan, *na Rubens.*
1133 De breeking des Broods te Emaus, *na Rubens, door van Sompelen.*
1134 J. Chriſtus en St. Jan in een Bofch, *na Rubens, door Jegbers,* Houtfnee.
1135 Een Herder en Herderin in het Veld, *na Jordaans, door Neefs.*
1136 Mercurius, Argus in flaap fpelende, *na Jordaan, door Ragot.*
1137 Den Hogenpriefter verfcheurt zyne Kleederen, *na Jordaans, door Marinus.*
1138 Een Bacchus Feeſt, *na A. van Dyk.*
1139 Lucas en Corn. de Wael, *na A. van Dyk, door Hollar.*
1140 Een Zwyne Jagt, *na Rubens.*
1141 Karel den I. Koning van Gr. Britt., *na A: van Dyk, door Lombart.*
1142 Henrica Maria Koningin van Gr. Britt., *na A: van Dyk, door de Jode.*
1143 Een Antiquarius.
1144 Een doode Chriſtus op de Schoot van Maria, *na A: van Dyk, door Bolswert.*
1145 Dezelfde anders, *na A: van Dyk, door Pontius.*
1146 Reinaud en Armide, *na A: van Dyk, door de Jode.*
1147 Jo. Corn. Sylvius, *door Rembrand.*
1148 Een Herderin met Beeſten, *van Rembrand.*

Catalogue d'Estampes detachées.

1149 De Barmhartige Samaritaan, *door Rembrant.*
1150 De Aflating van 't Kruys, *door Rembrand*
1151 De Opwekking van Lazarus, *door Rembrand.*
1152 De Breeking des Broods te Emaus, *na Titiaan, door Chereau.*
1153 De Boodschap aan Maria, *na Segers, door Bolswert.*
1154 Een Pot met Bloemen, *na Monnoyer, door Vauquer.*
1155 Een Plafond, *na Mignard, door Poilly.*
1156 Le Jeu de Pied de Beuf, *d'aprés Lancret, par Larmessin.*
1157 Le Glorieux, *d'aprés Lancret, par Dupin.*
1158 Le Philosophe Marié *par les memes.*
1159 Phaeton &c. *d'aprés Poussin, par Perelle.*
1160 Le Monagere, *d'aprés Chardin, par Charpentier.*
1161 Les quatre Elemens, *d'aprés Holstein, par Mozyn.*
1162 Een Herder en Herderin, *na Flinck.*
1163 Maria en Jesus op haar Schoot slapende, *na Ann. Carache, door Poilly.*
1164 Een Emblemata, *na Castilionis.*
1165 Mosis slaande de Steenrotze, *na Poussyn* Proefdruk.
1166 St. Roch aalmoes gevende, *na Ann. Carache.*
1167 Het laatste Oordeel, *na Uytenwael, door Swanenburg.*
1168 Een Zinnebeeldige, *na Netel, door Saenredam.*
1169 De Aanbidding der Herders, *Stock sculps.*
1170 Een Landschap, *na Couinx, door de Bruyn.*
1171 Een fraaye Print, *van Wouwerman.*
1172 De Tiranny door de Deugden vertreden, *na Uytenwaal, door Tanjé.*
1173 Paris en Helena, *na Harlem, door Saenredam.*
1174 La Franche Comté conquise pour la seconde fol, *d'aprés Hortemels, par Cochin.*
1175 Drie Printen, *na Wouwerman, door Visscher.*
1176 Neptunus, *na Schut.*
1177 Een Koning en St. Jan in het Gebed, *door Lanfant.*
1178 Ornementen, *na Peyrotte, door Huqueir.*
1179 Reynaud en Armide, *na Coypel* Proefdruk.
1180 H. Famjelje, *na Guido Rheni, door Poilly.*
1181 Een Processie, *door Romyn de Hooghe.*
1182 Een Moor met Pyl en Boogh, *door Visscher.*
1183 Een Landschap, *na Rubbens, door Bolswert.*
1184 De Pool met zyn Doggens, *door Ridinger.*

1185

Catalogue d'Estampes detachées.

1185 Hertog van Marlborough, *na v. d. Werf, door van Gunst.*
1186 Cardinal de Fleury, *na Autreau, door Thomassin.*
1187 Desmarais, *na Andreus, door Simon.*
1188 Coupe & Perspective de l'Eglise de St. Sulpice a Paris, *d'après Heron, par Lucas.*
1189 H. Familie, *na Rubens, door Bolswert.*
1190 H. Familie en Elizabeth, *na Rubens, door Bolswert.*
1191 H. Familie wandelende, *na Rubens, door Bolswert.*
1192 Een Landschap, *na Titian.*
1193 Achilles ontdekt, *na A. van Dyk, door van Wyngaarde.*
1194 H. Familie en St. Jean.
1195 Een Opregting van 't Kruys, *na Rubens* in twee bladen.
1196 De Bekeering van Paulus.
1197 Ecclesiæ Triumphans, *na Rubens.*
1198 Galerie du Palais de Farnese, *d'après Ann. Carache, par Poily* en 22 *feuilles in plano.*
1199 Herculis Labores, *d'après Poussin, par Pesne* en 19 *pieces gr. fol.*
1200 Les Amazones, *d'après Rubens* en 6 *feuilles fol plano.*
1201 Un Tête en rouge, *par Boucher,* un autre de *Wouwerman* 2 *pieces.*
1201*Batteuse de Beure, la Benedicité & la Nourrice qui remene l'Enfant, 3 *pieces en maniere noire.*

Portefeuille T.

Waar in fraaye Prenten van Nederlandsche en Fransche Meesters.

d'Après P. P. Rubens.

1202 Marche de Silehe, *par de Launay* gr. pl.
1203 Les 12 premiers pieces du Plafond de l'Eglise des Jesuites a Anvers, *par J. Punt* gr. pl.
1204 La Danze Flamande, *par le Charpentier* gr. pl.
1205 A Bachanalian, *par C. Faucy* pap. Roy.
1206 La Reine Tamiris fait decapiter le grand Cyrus, *par G. Duchange* pap. Roy.

Catalogue d'Estampes detachées.

614 Lucretia zig doorftekende.
615 Maria zittende by 't Kruis.
616 Victorie Wagen voor de Prins van Oranje, na van der Venne, door van Bemden, raar.

Maarten Heemskerk.

617 't Graf van Rachel.
618 De vermoorde Abel.
619 Hercules bevogten door de Pygmeën.
620 Bileam met de Ezel.
621 Een Zinnebeeldige.
622 De Strydt tuffchen de Centauren en Lapithen, op de Bruiloft van Hippodamia, door L. Bos 1550 in twee bladen.

L. van der Koek.

623 Een Naakte Venus.
624 Twee diverfe.
625 Ses dito 1540
626 Hercules met zyn Knots, tweemaal.
627 Drie zeer oude Printjes.
628 Drie dito.

Marten Schoen.

629 Maria met de Lelie.
630 Maria in Devotie.
631 Een Vrouwe Hoofdt.
632 Een Martelifatie en een ander.
633 De Vlugt en een ander.
634 De Engel Michael en Chriftus met Maria.
635 Twee Vrouwen Halverlyf.

Albertus Durer.

636 De groote Paffie, zeer fraai 21 ftuks.
637 Maria met 't Kindje ftaande op de Maan.
638 Drie Zinnebeeldige.
639 Een Man en een Vrouw in een Landfchap.

1207 Chasse aux Lions & aux Tigres, *par Moyreau* pap. roy.
1208 Lions at Play, *par W. Walker* gr. pl.
1209 St. Martin dividing his Cloak, *par T. Chambars* gr. pl.
1210 Assomption de la Ste. Vierge, *par Ragot* gr. pl.
1211 l'Hyver, *par Boece* gr. pl
1212 Enfans de Rubens, *par Daullé* pap. Roy.
1213 Neptune appaisant la Tempete, *par Daullé* gr. pl.

d'Après de la Rue.

1214 Mr de Nestier Ecuyer a Cheval, *par Daullé* gr. pl.
1215 La Peinture, *par C. Duflos* pap. Roy.
1216 Le grand Ecuyer a Cheval, *chez Basan* pap. Roy.
1217 A Sacrifice to Pan, d'après *A. Sacché*, *par F. Aliamet* gr. pl.
1218 Noah Sacrificing, d'après *Sacchi*, *par M. Liart* gr. pl.
1219 Tobit, d'après *Salvator Rosa*, *par G. Smith* gr. pl.
1220 Laomedon King of Troy detected by Neptune and Apollo, d'après *Salvator Rosa*, *par R. Strange* gr. pl.
1221 Susanne, d'après *J. B. Santerre*, *par L. Desplaces* gr. pl.
1222 Abraham Sacrifiant Isaac, d'après *A. de Sarto*, *par Surugue* gr. pl
1223 Sainte Famille, d'après *A. del Sarto*, *par Moitte* gr. pl.

d'Après J. C. Schenau.

1224 La Retour desiré, *par C. Duflos* gr. pl.
1225 Le Maitre de Guitarre, *par C. Duflos* gr. pl.
1226 l'Heureux Retour, *par Vidal* gr. pl.
1227 Le Dedomagement de l'Absence, *par Vidal* gr. pl.
1228 La Meditation, *par R. Gaillard* gr. pl.
1229 La Mere qui Intercede, *par C. Duflos* gr. pl
1230 Les premiers pas de l'Enfance, *par C. Duflos* gr. pl.
1231 La Credulité sans Reflexion, *par L. Halbou* gr. pl.
1232 Les Defauts corrigés par l'Affront, *par J. Ouvrier* gr. pl.
1233 Amusemens Russes, *par Henriques* gr. pl.
1234 Intrigues Amoureuses, *par Halbou* gr. pl.
1235 l'Aimable Blanchisseuse, *par Gaillard* pap. Roy.
1236 Image de la Beauté, *par Chevillet* pap. Roy.
1237 Leçon Botanique, *par Chevillet* pap. Roy.

1238 La bonne Amitié, *par Chevillet* pap. Roy.
1239 Le Miroir Caffée, *par Chevillet* pap. Roy.
1240 Arc de Triomphe a la gloire du Roi, *d'après Servandoni, par Patte* gr. pl.
1241 Le Chariot des Vivandiers, *d'après Simonini, par Palmier*, gr. pl.
1242 La St. Vierge & l'Enfant dans les Nues, *d'après Solimene, par Wagner* gr. pl.
1243 Eneas Going into the Cave, *d'après Solimene, par Zocchi*, pap. Roy.
1244 Joseph Interpreting his Dreams of Pharaoh's chief Butler and Baker, *d'après G. Ribera dit Spagnolette, par A. Bannerman*, gr. pl.

d'Après E. & L. le Sueur.

1245 l'Amour derobe le Foudre a Jupiter, *par Beauvais*, pap. Roy.
1246 Nero depositing the Ashes of Britannicus, *par J. S. Millar* gr. pl.
1247 The Queen of Sheba's visit to king Salomon, *par G. Smith* gr. pl.
1248 La Jeune ouvriere accablée de Sommeil, *d'après Taraval, par C: G. Schultze* pap. Roy.
1249 Bacchante se preparant a un Sacrifice, *d'après Taraval, par C. G: Schultze* pap. Roy.

d'Après D. Teniers.

1250 Latone Vengé, *par N. le Mire* gr. pl.
1251 St. George delivre une Princesse, *par J: C. le Vasseur*, gr. pl
1252 Les Fumeurs Hollandois, *par P. C. Canot* gr. pl.
1253 l'Amoureux Buveur, *par P. C. Canot*, gr. pl.
1254 Vue de Flandre, *par J: P: le Bas* gr. pl.
1255 Jeu de Tric-trac, *par J. Beauvarlet* pap. Roy.
1256 Le Sifleur de Linote, *par J. P. le Bas* pap. Roy.
1257 Le Trictrac, *par J. P. le Bas*, pap. Roy.
1258 Le Jeune Chimiste, *par Forma* pap. Roy.
1259 La Bohemienne en Couche, *par P. L. Surugue F: s*, pap. Roy.
1260 Le Roy boit, *par L. Surugue*, pap. Roy.

1261 Le Gazettié Flamand, par *Pelletier pap. Roy.*
1262 Les Délices de la Tabagie, par *D. Sornique pap. Roy.*
1263 Saint Antoine, par *J. P. le Bas pap. Roy.*
1264 Le Roi Boit, par *M. Pitteri, gr. pl.*
1265 La Santé portée, *d'après G. Terburg, par Chevillet pap. Roy.*
1266 La Santé rendue, *d'après G. Terburg, par Chevillet pap. Roy.*
1267 Invocation a l'Amour, *d'après Theolon, par C. Guttenberg, pap. Roy.*
1268 Le Retour imprévu, *d'après Tilburg, par Lucas pap. Roy.*
1269 The Blind leading the Blind, *d'après Tintores, par G. Smith, gr. pl.*

d'Après Titian.

1270 Tarquin & Lucrece, *J. Lauri pap. Roy.*
1271 Venus blinding Cupid, *par Strange gr. pl.*
1272 Portrait de la Fille de Titien, *par Basan fol.*
1273 Portrait de la Maitresse de Titien, *par Basan fol.*
1274 Portrait d'une Veuve, *par Basan fol.*
1275 Famille d'Alphonse I. Duc de Ferrare, *par Fessard pap. Roy.*

d'Après C. Troost.

1276 Noces de Clorus & Rosette, *par P. Tanjé gr. pl.*
1277 Les Philosophes ou la Fille echappée, *par P. Tanjé gr. pl.*
1278 Divertissement de la Foire d'Amsterdam, *par J. Houbraken gr. pl.*
1279 Corps de Garde des Officiers Hollandois, *par Punt & Tanjé gr. pl.*
1280 Second Corps de Garde d'Officiers Hollandois, *par J. Houbraken gr. pl.*
1281 Suypenstein Maison de Plaisance, *par Pelletier gr. pl.*
1282 Le Malade Imaginaire, *par R. Muys gr. pl.*
1283 La Fille rusée ou le Tuteur trompé, *par P. Tanjé pap. Roy.*
1284 l'Amoureuse Brigide, *par P. Tanjé pap. Roy.*
1285 La Belle Mere, *par J. Houbraken pap. Roy.*

d'Après C. Troost.

1286 La Mechant Cabaretiere a Puiterveen, par P. Tanjé pap: Roy.
1287 Tartuffe ou l'Imposteur, par J. Houbraken pap: Roy.
1288 La Mort de Didon, par S. Fokke pap: Roy.
1289 Le Barreau des Payfans a Puiterveen, par P. Tanjé pap: Roy.
1290 Vue de l'Auberge het Bokje dans le Bois de Harlem, par Pelletier pap: Roy.
1291 Les Baigneufes Epiées, par S. Fokke pap: Roy.
1292 Le Capitaine Ulric ou l'Avarice dupé, par J. Houbraken pap: Roy.
1293 Propofition de Mariage aux Parens de Sarotte, par Tanjé pap: Roy.
1294 Declaration d'Amour de Rene a Sarotte, par Tanjé pap: Roy.
1295 La Fête de St. Nicolas, par J. Houbraken gr. pl.
1296 Chambre d'Achouchée Hollandoife, par Tanjé gr. pl.

d'Après J. B. de Troy.

1297 Diane au Bain, par Deschamps femme Beauvarlet gr. pl.
1298 Jupiter en Pluie d'Or, par Daullé & Levesque gr. pl.
1299 Toilette pour le Bal, par J. Beauvarlet gr. pl.
1300 Retour du Bal, par Beauvarlet gr. pl.
1301 Jupiter & Sémélé, par C. Duflos gr. pl.
1302 Deux Soldats jouants aux Cartes, d'après Valentin, par Jardinier gr. pl.
1303 Soldies Quarreling at Dice, d'après Valentini, per Baillie pap Med.
1304 St. Famille, d'après Vanni, par Moitte gr: pap.
1305 Fuite en Egypte, d'après Verdier, par Audran gr. pl.

d'Après J. Vernet.

1306 l'Aqueduc Italienne, par le Veau gr. pl.
1307 Les Femmes a la Pêche, par le Veau gr. pl.
1308 Les Baigneufes, par S. Plour gr. pl.
1309 Tems Orageux, Aliamet direx gr. pl.
1310 La Nuit, par J. Aliamet, gr. pl.
1311 La belle Matinée, par P. Benazech gr. pl.
1312 La Mer Calme, par Benazeck gr. pl.

(G)

1313 Côtes pres de civita Vecchia, par *Miger* gr. pl.
1314 Suites d'un Naufrage, *par Coufinet* gr. pl.
1315 Tems Serein, *par M: J: Ozanne* gr. pl.
1316 Vue d'un Coté du port d'Echelle au Levant, *par Aveline* gr. pl.
1317 La Jeune Corinthienne, *d'après Vien, par J: J: Flipart* gr. pl.
1318 La Douce Mélancolie, *d'après Vien, chez Beauvarlet* pap. Roy.
1319 l'Heureux inſtant, *d'après Villebois, par Danzel* pap. Roy.
1320 Le goûté Eſpagnol, *d'après Vinckboons, chez Baſan* pap. Roy.

d'Après C. de Viſſcher.

1321 La Folie, *par P: Aveline* pap. Roy.
1322 Mort au Rats, *par C: de Viſſcher* pap. Roy.
1323 La Bohemienne, pap. Roy.

d'Après A. Watteau.

1324 Pierrot, *par Simonneau* pap. Med.
1325 Mezelin, *par Thomaſſin* pap. Med.
1326 La Game d'Amour, *par J: P: le Bas* pap. Roy.
1327 Les Entretiens Badins, *par B: Audran* gr. fol.
1328 Le Clyſtere, *par F: Joullain* pap. Med.
1329 Pierrot contant, *par E: Jeaurat* gr. pl.
1330 Le Lorgneur, *par G: Scotin* pap. Roy.
1331 La Serinade Italienne, *par G: Scotin* pap. Roy.
1332 Arlequin, *par Thomaſſin* pap. Roy.
1333 La Breuvoir & le Marais, *par Jacob* 2 pieces *ſur une gr. fenille.*
1334 Le Naufrage & la Tendreſſe, *par C . . .* 2 pieces *ſur une gr. feuille.*
1335 Louis XIV. metant le Cordon bleu a Mr. de Bourgogne, *par Larmeſſin,* gr. pl.
1336 Diane au Bain, *par Aveline* gr. pl.

d'Après P. A. Wille le Fils.

1337 Le Tems perdu, *par L. Halbou* pap. Roy.

1338 Concert Champetre, *par L: Halm* pap. Roy.
1339 Goûté Champetre, *par Halm* pap. Roy.
1340 La Mere contante, *par P: C: Ingouf* pap. Roy.
1341 La Mere Indulgente, *par L. l'Empereur* gr. pl.
1342 Le petit Marchand d'Orange, *par Chevillet* pap. Roy.
1343 Les Jouers, *par Romanet* gr. pl.
1344 l'Heureux Vieillard, *par Aveline* pap. Roy.

d'Après Ph. Wouwermans.

1345 Retour de Chasse & curée, *par J. Moyreau* gr. pl.
1346 Depart pour la Chasse au Vol, *par J. Moyreau* gr. pl.
1347 La petite Chasse au Cerf, *par J. Moyreau* gr. pl.
1348 La Cascade, *par J. Moyreau* gr. pl.
1349 Fêtes & Adieux des Chasseurs, *par J. Moyreau* gr. pl.
1350 La Forest dangereuse, *par Cousinet* gr. pl.
1351 Le Colombier du Marechal, *par J. Moyreau* gr. pl.
1352 Predication de St. Jean Baptiste, *par J. Moyreau* gr. pl.
1353 l'Hyver, *par J. Moyreau* gr. pl.
1354 Petite Chasse à l'Oiseau, *par J. Moyreau* gr. pl.
1355 Le Defilé d'Equipages, *par J: Moyreau* gr. pl.
1356 Gardes de Cavalerie, *par Moyreau* gr. pl.
1357 Les Marchands Forains, *par J. Moyreau* gr. pl.
1358 La Fontaine de Triton, *par J. Moyreau* gr. pl.
1359 La Fontaine de Venus, *par J. Moyreau* gr. pl.
1360 Port de Mer, *par J: Moyreau* gr. pl.
1361 La Ferme Flamande, *par M. Ozanne*, gr. pl. idem avant les Lettres, gr. pl.
1362 Le Maréchal de Campagne, *par P. Duret* gr. pl.
1363 Cavaliers en Maraude, *par F. Basan* gr. pl.
1364 Le menage du Chimiste, *d'après Wyk, par Chenu* gr. pl.

Portefeuille V.

Waar in diverse Printen.

1365 l'Amour au Theatres Italiens & au Theatre François, 4 stuks Watteau Cochin.
1366 Une These.
1367 Priere à Venus, Netcher.

1368 Een Arcadisch Landschap.
1369 Jesus & Marthe.
1370 Jesus Benit les Enfans, le Longht.
1371 Un Crucifix.
1372 Une Crucifixion, Hafner.
1373 Une Thefe.
1374 Un Portrait Nanteuil.
1375 Cinq vue de Mer, 5 stuks.
1376 Deux Theses differentes, 4 stuks.
1377 Pieces d'Architecture, 4 stuks.
1378 Een Thefe.
1379 Een Begraaffenis Christi, Urbinus.
1380 Les Miseres de la Guerre, 7 stuks Callot.
1381 Six differentes pieces, 6 stuks.
1382 Een Diana Bad, Aquila.
1383 Une Thefe.
1384 Een Dooping van Johannes, Scotin.
1385 Een Opstanding Grat inv. Pool.
1386 De Hollende Phæton, Giorgettus.
1387 l'Ete & deux differentes, 3 stuks.
1388 Mendiants & Bandits, 2 stuks Bourgognone.
1389 Quatre Chasse.
1390 Pan avec sa Flûte, Bolswert.
1391 Portrait de Rebel. van Loo
1392 ———— ———— Goldoni, Pitteri.
1393 Marcus Pitteri, Piazetta.
1394 Een Doode Christus, door Engelen.
1395 Een Offerhande, door Teita.
1396 Deux diverses pieces, même.
1397 Vier Zinnebeeldige, même.
1398 Un dito, même.
1399 Laban, Schenck.
1400 St. Cène, Bannart.
1401 Intellectus Memoria & Voluntas, Mellan
1402 Un Christ Mort, Vouet inv. Davet sc.
1403 Ulisse decouvre Achille, Carache Audran.
1404 Un Crucifix.
1405 l'Enlevement d'Europe, Watteau Avelline.
1406 Promenade sur les remparts, Idem Aubert.
1407 Le Bal Champetre, Watteau.
1408 Assemblée Galante, Idem le Bas.

1409 Rendes Vous, Watteau Aubert.
1410 Diane sur les Eaux, Coypel.
1411 Un Bain de Diane, Aquila.
1412 Mariage d'Alexandre, Coypel Picart.
1413 Marie & Elizabeth, le même, Audran.
1414 Les Jours de la Semaine, Richer, de Fer.
1415 La Tentation de St. Antoine, Callot.
1416 Les Ciclopes & Venus, 2 stuks Shouman.
1417 Quatre Prophetes.
1418 Le Festir des Dieux, Spranger, Goltz.
1419 Collection complette de 112 Quadres, door Monaco.
1421 Een Planetarium.
1422 Villa Pamphilia, 83 stuks Reliés.
1423 Bibelische Historie, 24 stuks. NB. manqueert de 18de plaat.
1424 Une suite complete de 60 Soldats & autres Figures, 61 stuks. Salvator Rosa.
1425 Diane au Bain.
1426 Jesus & la Samaritaine & Jesus & la Magdalaine, 2 stuks Tardieu sc.
1427 La Toilette à la Mode.
1428 Twaalf Zeehavens, door T. Place op 2 bladen.
1429 De Geregtigheid en Vrede, door J: Rousselet inv.
1430 Tentatie van St. Antonius, Tintoret inv. Bestelli sc.
1431 Andromeda aan de Rots, Carats.
1432 De Besnydenis, door Guido Reni, Giovanni sc.
1433 Joseph, Maria met het Kind, Goltius inv. & sc.
1434 Un Dieu Marin, Carace inv. & sc.
1435 Trois Lions, 3 stuks.
1436 l'Apparition de l'Ange aux Israelites, Bassan inv. J: Saedler sc.
1437 l'Enlevement d'Europe, Guide Reni.
1438 Le Levé & le Dejeuné de Voltaire, 2 stuks.
1439 Trois differentes pieces.
1440 Quatre dito en maniere noire.
1441 Les quatre Saisons, C. H. B. sc.
1442 Vier stuks Metamorphoses d'Ovide, C. G. sc.
1443 Le Fils prodigue, Rembrand.

Catalogue d'Estampes detachées.

Portefeuille W.

Waar in verscheide Printen.

1444 Nieuwe Schouwburg der Nederlandsche Konstschilders, door J: v: Gool, 26 platen.
1445 Gezigten van Amersfoort, door P: van Liender 1759. 8 stuks.
1446 Brand en Herbouwing der Huizen op de Hoogstraat te Leyden, door N: v. d. Meer Jun. 4 stuks.
1447 Gezigten van Delft, 6 stuks.
1448 Twaalf stuks zynde Historien van Pastor Fido, door R: v: Orley, met de Beschryving MS.
1449 Figures inventées par Watteau, gravées par C. 24 pieces.
1450 Sept autres.
1451 Zes Gezigtjes door A: Delfos.
1452 Agt stuks met Ossen &c. na Potter.
1453 Capricci die varie Battaglie die Gio Guglielmo Baur 1635. 16 stuks.
1454 Veertien andere dito door dezelve 1637.
1455 Zeven stuks verscheide Landschapjes, door dezelve 1636.
1456 Capricci die varie figure di J. Callot, omtrent 50 stuks.
1457 Twaalf Bybelsche Historien, door J: Callot.
1458 Veertien dito door dezelve.
1459 Zeven door F. Bleyswyk.
1460 Fundamenten der Tekenkunst, na A. Bloemaart, door Visscher.
1461 Tien anderen na dezelve door C. Bloemaart.
1462 Twaalf stuks Tuingezigten, door Silvestre.
1463 Zes stuks manegé.
1464 Zes stuks van Schmidhamer.
1465 Zes dito door dezelve.
1466 Vier stuks van Haberman. 1467 Vier dito.
1468 Vier dito. 1469 Vier dito.
1470 Dertien na Bloemart, Rubens, Ostade en andere.
1471 Negen na Cheneau, Rubens en anderen.
1472 Elf anderen.
1473 Een paket met verscheide anderen.

1474 Agt ſtuks uyt de Fabelkunde.
1475 Vyftien ſtuks anderen.
1476 Zes Bacchus Feeſten, door Brebiette te Romen.
1477 Een Omſlag met Anatomie Beelden en Vaſen.

Portefeuille X.

Pourtraitten.

Door Franſche Meeſters.

1478 Andreas Palladius Vicentinus, door Picart.
1479 Moſes Amyraldus en J: Daleus, door Lombart.
1480 A: Watteau tweemaal, door Crepy.
1481 J: B: de Vignerod, door Morin.
1482 L'Abbé du Verger, door dito.
1483 Zes Pourtraiten, door Mellan.
1484 J: Rebel, door Moyreau.
1485 Claudius Gendron, door Daulle.

Door Hollandſche Meeſters.

1486 Van der Werff, Willem de Iſte en Janus Douza driemaal different, met een Byſchrift, door Houbraken.
1487 P: Tanjé, door zig zelfs.
1488 Cornelis van Oeveren, door dito.
1489 Paus Hadrianus, door Houbraken.
1490 Van der Venne, Duchange en Laud, door Hollar.
1491 Uladislau Koning van Polen, door Falck.
1492 Van der Nood de Carloo, door Pilſen.
1493 Marcus Ricci, door Faldoni.
1494 Antonides van der Goes, Proefdruk en zwarte Konſt, door Schenk.
1495 Dirk en Wouter Crabeth, door Bary.
1496 Burgemeeſter Spiegel, door Munnikhuizen.
1497 C: de Longueval, door P: de Jode.
1498 Willem de 3de, door G: Delff.
1499 H: Pauw, door Mattham.
1500 B: Paludanus, door J. v. Velde.

1501 J: C: della Faille, door Lommelin.
1502 A: della Faille, door dito.
1503 St. Augustinus, na Quellinus, door Lauwers.
1504 A: Triest, door L: Vorsterman.
1505 Erasmus, door dito.
1506 Dezelve door van Dyk geëst.
1507 Titiaan, door Dito.
1508 S: Ignatius, door dito.
1509 De Graaf van Trautmansdorf, door A: Sadeler.
1510 Carolus de Longueval, door dito.
1511 Dezelve nog eens.
1512 Twee fraye Pourtraitten, door dito.
1513 Matthias Roomsch Keyzer, door dito.
1514 Het Pourtrai van H: Goltius.
1515 J: Bollius, door dito.
1516 Spranger, door Muller.
1517 J: Neyen, door dito.
1518 A: Bloemaart door C: Visscher.
1519 R: Junius, door dito.
1520 Dezelve kleinder.
1521 Jean de la Chambre, door Suyderhoef, extra raar.
1522 C: van Aken, na F. Hals, door dito zeer fraai.
1523 A: de Boodt, door Sadeler.

Admiraals.

1524 Tjerk Hiddes de Fries en Cornelis Tromp, naa van den Eekhout.
1525 De Commandeur Bankert.
1526 C: Lonkius, door Hondius.
1527 W: Baron van Gent, door Bary.
1528 Van der Hulst, door J: de Visser.
1529 J: Cornelis Meppel, door Persyn.
1530 Tjerk Hiddes de Fries, door Bloteling.
1531 A: Stellingwerf, door dito.
1532 Aart van Nes, door dito.
1533 Maarten Harpense Tromp met een Zeeslag, raar.
1534 Michiel de Ruyter, door Bloteling.
1535 Lamoral Grave van Egmont, door de Pas.

Por-

Portefeuille Y.

Pourtraiten.

1536 Christianus en Elizabeth Koning en Koningin van Denemarken 1525
1537 Guftafus Adolphus Koning van Zweden, door de Jode.
1538 Hendrik de Agtfte Koning van Engeland.
1539 Lodewyk Koning van Vrankryk, door Joilly, na Mignard.

Door Sadeler.

1540 Pompeja Vrouw van Julius Cæfar.
1541 Livia Drufilla Vrouw van Oct. Auguftus.
1542 Cæfonia Vrouw van Caligula.
1543 Ælia Petina Vrouw van Claudius.
1544 Maria Koninginne van Engelandt, door P. A: Gunft, na Vifcher.
1545 Catharina Koninginne van Engelandt, door A. de Blois, naar D. a Plaats.
1546 Eleonora Magdelena Therefia Keyferin van Hungarien, door P. Bouttas, na v. d. Plaats.
1547 Ulrica Eleonora Koningin van Zweden, door Gole, na v. d. Plaffe.
1548 Maria Louifa d'Orleans Koningin van Spanje, na Vifcher.
1549 Elifabetha Maria Jofepha Infante van Portugal, door Globe, na v. d. Plaffe.
1550 Willem de Derde Koning van Engelandt, door G. Valk, na Kneller.
1551 Johannis Maurits Prins van Naussow, door v. Dalen, na Flink.
1552 Maria Stuart, Princeffe van Oranje, door Bouttars.
1553 Philibertus Chalonius, Prince van Oranje.
1554 Willem Carel Hendrik Frifo, door Ottens:
1555 ——————————— door Endlich.
1556 ——————————— door Tanjé, na Fournier.
1557 ——————————— door Gerrevink.

1558 Chriſtianus Albertus Prins Biſſchop van Lubec, door Collin 1664
1559 Chriſtanus Auguſtus Prins van Anhalt, na Pesne, door Schmit.
1560 Hendr. Carolus de la Tremoille princeps Tarent, door Philippe, na de Baak.
1561 Juliana Landgravin van Heſſen, door v. d. Queboren
1562 Antonie de Vienne de Presles, Comte des Lesmont.
1563 Henricus Graaf van den Berg, door Delfius 1634
1564 Bernard de la Guiche Comte de St. Geran, door Picart 1666.
1565 Louiſe de la Miſericorde Ducheſſe de la Valliere, door Goole.
1566 Ortence Macini Ducheſſe de Maſarin, door Stephani.
1567 Frederica Amalia Wed. van Chriſtianus Albertus Hertog van Fleeswyk, door van Gunſt.
1568 J: B: Gaſton Duc d'Orleans, door Vouillement.
1569 De Hertog van Marlborouch, door van Gunſt, naar v. d. Werf.
1570 Diane Francoiſe de Rochechovart Marquiſe de Monteſtan, door J. Goole, na Viſſcher.
1571 Louis de Marillac Maarechalk van Frankryk, door M. Laine.
1572 Pieter Corneliszoon Hooft, door Houbraken, na Miereveld.
1573 J. N. Camerarius Afgezant van Guſtafus Adolphus, door Delf, na Miereveld.
1574 Joannes de Montfort, door de Joode, na van Dyk.
1575 De Ridder Julius Hardouin Manſari, door Edelinck, naar Rigand.
1576 De Collonel J. Ligonier te paard, door Tanjé, na Fournier.
1577 Helene Lambers, door Drevet, na Largilliere.
1578 Ludovicus de Dieu, door Zylveld, na Bordieu.
1579 Jacobus Relandus, door Delff, na v. d. Voort.
1580 Johannis Munnekemolen, door Houbraken, na Schouman.
1581 Johannis Boskoop, door Houbraken, na Quinkhart.

Catalogue d'Estampes detachées.

1582 D. R. Camphuyfen, door Savry, na Caftleyn.
1583 Sebaldus Behems 1532. door S Bincus.
1584 Lucas Gaffelus 1529 door denzelven.
1585 Nicolas Coufton, Beeldhouwer, door Dynus.
1586 Nicolaas de l'Argilliere, Schilder door Cherau.
1587 Ludovicus de Mailly, door Trouvain, na Tortebat.

Prenten en Pourtretten in Zwarte Kunst.

1588 De Aandagt.
1589 De harde Opvoeding.
1590 The Country Mard.
1591 De Muziekfpeelfter, door Faber, na Mercier.
1592 Een Dienftmeid met Theegoed, door Faber, na Mercier.
1593 Een Juweelkooper, door Faber, na Mercier.
1594 Een oud Man met een Bierkan.
1595 Een Liereman.
1596 Een oude Vrouw.
1597 Een deftig Man, Proefdruk.
1598 Een Herder en Herderin.
1599 Een Boere Gezelfchap, Roetdruk en Proefdruk.
1600 Een Muficeerende, door Stolker, na Terburg, Roetdruk.
1601 W. C. H. Frifo, Prins van Oranje met zyn Gemalin, door Faber, na van Dyk.
1602 Captein Thomas Coram, door Ardel, na Hogarth.
1603 Petrus van Ede, Leeraar der Remonftrante te Rotterdam.
1604 Rembrand, door Houfton, na Rembrand.
1605 The Duches of Grafton, door Becket, na Kneller.
1606 ——— dezelve door Verkolje, na Wiffing.
1607 ——— of Cleaveland, door Lilly, bis anders.
1608 ——— of Portsmond, dito.
1609 Maria Beatrix Duceffa Eboracenfis, door Lilly.
1610 Ducheffe de la Vailliere, door Schenk.
1611 The Princes of Orange, daar Lilly.
1612 Madam Hughes, naar Lilly.
1613 Her Stighnes te Lady Anne, na Lilly, door Bloteling, bis door een ander.
1614 Madame Jane Louge, na Lilly.

1615 Madame Graham.
1616 Madame Mary Kirk.
1617 The Lady Moreland.
1618 ——— Eſſex Finck, overdruk.
1619 ——— Eliſabeth Jones.
1620 Miſs Day, door Purcel, na Reynolds.
1621 Een Dame, door Schenk, Roetdruk.
1622 Madame Davis.

Portefeuille Z.

ESTAMPES D'UNE GRANDEUR EXTRAORTINAIRE
de differents Maitres.

d'Après E. Aubry.

1623 Les Amans curieux, par J. C. le Vaſſeur tres gr. pl.
1624 L'Amour Paternel, par J. C. le Vaſſeur tres gr. pl.
1625 La Mort de Marc Antoine, d'après Pompeio Battonii par Wille tres gr. pl.
1626 Ancien Port de Genes, d'après Bergbem, par Aliamet grand extraord.
1627 Retour a la Ferme, par Weisbrod & le Bas grand ext.
1628 Le Rachat de l'Eſclave, par Aliamet grand extraord.
1629 Le Depart pour la Chaſſe, le Pont de Bois, le Paſſage du Bac, la Marche d'Animaux, par Huguier, 4 pieces tres gr. pl.

d'Après Boucher.

1630 Le Mariage de Pſiché & l'Amour, par Beauvarlet grand extraord.
1631 Les preſens du Berger, par Lempereur tres gr. pl.
1632 Neptune & Amymone, par Danzel tres gr. pl.
1633 La Peſca del Crocodillo, par Moles tres gr. pl.
1634 La Mort d'Adonis, d'après Briard, par Pasquier, tres gr. pl.
1635 l'Aumone de St. Roch, d'après Ann. Carache, par Camerata tres gr. pl.
1636 Fr. René Molé de la Tragedie de Beverlet, d'après le Clerc, par Ellum tres gr. pl.
1637 Portrait du Medecin de corrège, par Tanjé tres gr. pl.

d'Après

Catalogue d'Estampes détachées.

d'Après A. Coypel.

1638 Diane avec ses Nymphes, *par Duchange tres gr. pl.*
1639 Bacchus trouve Ariane &c. *par G. Audran tres gr. pl.*
1640 Jugement de Salomon, *par Audran tres gr. pl.*
1641 Fr Ballard d'Auguftebourg, Capit. & Commandant a St. Domingue, *d'après Colson, par Levesque tres gr. pl.*
1642 Frontispice, Plan, Coupe &c. de l'Eglise de St. Genevieve, *d'après Desboeufs, par Moreau, 4 pieces tres gr. pl.*
1643 Vue de la ville d'Orleans, *d'après F. A. Desfriches, par Choffard tres gr. pl.*

d'Après Dietricy.

1644 La Montagne percée, *par Benazech grand Extr.*
1645 La Ferme ruinée, *par Benazech grand Extr.*
1646 Les Roches, *par Benazech grand Extr.*
1647 Retour de Campagne, *d'après C. van Falens, par Basan exc. tres gr. pl.*
1648 The Chearfull Miller's, *d'après Grims, par Smith tres gr. pl. en oval.*
1649 A Conversation, *d'après Grims, par Smith tres gr. pl. en oval.*
1650 La Mort de Didon, *d'après J. F. Barbieri Guerino, par Strange grand extr.*
1651 Le geste Napolitain, *d'après Greuze, par Moitte tres gr. pl.*
1652 Les Oeufs Cassés, *d'après Greuze, par Moitte tres gr. pl.*

d'Après G. Hamilton.

1653 Achilles Laments the Death of Patroclus, *par D. Cunego tres gr. pl.*
1654 Achilles vents his rage on Hector, *par D. Cunego tres gr. pl.*
1655 Andromache bewailing the death of Hector, *par D. Cunego, tres gr. pl.*
1656 The Anger of Achilles for the lofs of Briseis, *par D. Cunego tres gr. pl.*

1657 Parnasse François, d'après Lojou, par Maisonneure grand Extraord.
1658 Le Carnaval des Rues de Paris, d'après Jeaurat par Vasseur tres gr. pl.
1659 Le Transport des Filles de Joye a l'Hospital, d'après Jeaurat, par le Vasseur tres gr. pl.
1660 Le Roy de la Feve, d'après J. Jordaans, par Polenich tres gr. pl.
1661 Mlle Camargo, d'après Lancret, par Cars, tres gr. pl.
1662 Mlle Sallé, d'après Lancret, par Delarmessin, tres gr. pl.
1663 Le Concert du grand Sultan, d'après C. van Loo, par Littret tres gr. pl.
1664 Baccha faisant peindre sa Maitresse, d'après C. van Loo, par Lépiné tres gr. pl.
1665 Hommage a l'Amour, d'après C. van Loo, par de Lorraine, tres gr. pl.
1666 Ancien Port de Messine, d'après Lorraine, par le Bas, gr. Extr.
1667 Vue des Environs de Naples, d'après Lorrain, par Vivares tres gr. pl.

d'Après Loutherbourg.

1668 Le Rivage Fertile, par Coulet tres gr. pl.
1669 Alte Forraine, par l'Empereur tres gr. pl.
1670 La Bergere des Alpes, Bartolozzi, Byrne & Middiman, gr. pl. en rond.
1671 Laurette, par les Mêmes gr. pl. en rond.
1672 Galathée, d'après C. Maratte, par J. Audran tres gr. pl.
1673 Portrait de l'Empereur François I. en pied, d'après Meytens, par Schmitner tres gr. pl
1674 Monument elevé a Rennes par les Etats de Bretagne, d'après Lemoine, par N. Dupuis gr. Extr.
1675 Lyncus veut assassiner Triptoleme, Cerés l'arrete & le Change en Lynx, d'après J. du Mont, par Danzel tres gr. pl.
1676 La Fiancée Normande, d'après le Nain, par J. P. le Bas tres gr. pl.
1677 Galatée sur les Eaux, d'après Nattier, par Henriques tres gr. pl.
1678 Priere a Venus, d'après Netscher, par Dugourc tres gr. pl.

1679 Les Bergeres Laborieuses, *d'après Patel, par Charpentier tres gr. pl.*
1680 Renaud & Armide en Rond, *d'après Picart, par Cheneau tres gr. pl.*
1681 Les Sermeuts du Berger, *d'après Pierre, par l'Empereur tres gr. pl.*

d'Après J. Pillement.

1682 Le Repos des Voyageurs, *par J. Mason tres gr. pl.*
1683 Les Voyageurs en Marche *par J. Mason tres gr. pl.*
1684 La Sortie du Bois, *par W. Elliot gr. pl.*
1685 La Laiterie, *par Benazech tres gr. pl.*
1686 Les plaisirs des Satyres, *d'après C. Polenburg, par le Vasseur tres gr. pl.*

d'Après Poussin.

1687 Sacramentum ordinis, *par Chastellon tres gr. pl.*
1688 Sacramentum Matrimonii, *par Chastillon tres gr. pl.*
1689 Moïse sur les Eaux, *par Stella gr. pl.*
1690 St. Famille dans un Paysage, *par Pesne tres gr. pl.*
1691 Moyse Tiré de l'eau, *par Loir tres gr. pl.*
1692 Les Nappes d'Eau, *d'après le Prince, par Godefroy tres gr. pl.*
1693 Les Adieux d'Hector & d'Andromaque, *d'après Restout, par le Vasseur tres gr. pl.*
1694 Feste Flamande, *d'après Rubens, par Fessard gr. Extr.*
1695 Ecclesia per l'Euchariftiæ Triumphans, *d'après Rubens, par Landré gr. Extr.*
1696 Le Festin Espagnol, *d'après Palamedes Stevens, par l'Empereur gr. Extr.*
1697 Shooting, *d'après Stubbs, par Woollet tres gr. pl. 4 pieces.*
1698 St. Laurent Martirilife, *d'après le Sueur, par Audran tres gr. pl.*
1699 Magdeleine a choisi la Meilleure parti, *d'après le Sueur, par Audran tres gr. pl.*
1700 Vue & Port de Mer de Flandre, *d'après Teniers, par le Bas gr. Extr.*
1701 Le Gateau des Rois, *d'après van Tilborgh, par Danzel tres gr. pl.*

1702 Marie Princesse de Pologne Reine de France, d'après L. Tocqué, par J. Daullé tres gr. pl.
1703 Jean Paris de Monnartel, d'après M: Q: de la Tour & Ch: N: Cochin Fils, par J. de Cathelin tres gr. pl.
1704 Diane Changeant Acteon en Cerf, d'après Troy, par le Vasseur gr. Extr.
1705 Evanouissement d'Esther, d'après Troy, par Beauvarlet tres gr. pl.
1706 Glaucias Roi d'Illyrie prend Pyrrhus sous sa Protection, d'après Colin de Vermont, par J. C. le Vasseur tres gr. pl.

d'Après Vernet.

1707 Vue de Naples, par le Bas gr. pl.
1708 La Peche a la Ligne, par Benazech gr. Extr.
1709 La Peche au Fanal, par Duret gr. Extr.
1710 Le Vaisseau Napolitain a la Rade, par Dufour & Dupin gr. Extr.
1711 Les Ports de Mer de France, par Cochin & le Bas gr. Extr. Savoir
    1. Le Port Neuf ou l'Arsenal de Toulon.
    2. l'Interieur du Port de Marseille.
    3. La Madrague ou la Peche du Thon.
    4. l'Entrée du Port de Marseille.
    5. Le Part Vieux de Toulon.
    6. La ville & la Rade de Toulon.
    7. Le Port d'Antibes en Provence.
    8. Le Port de Cette en Languedoc.
    9. Vue de la Ville & du Port de Bordeaux.
    10. Autre Vue de la ville & du Port de Bordeaux.
    11. Vue de la ville & du Port de Bayonne.
    12. Autre Vue de la ville & du Port de Bayonne.
    13. Le Port de Rochefort.
    14. Le Port de la Rochelle.
1712 La differens Traveaux d'un Port de Mer, par Daullé, tres gr. pl.
1713 La Peche, par Longueil & Nicolet tres gr. pl.
1714 Les Voyageurs affrayes par le coup de Tonnere, par Avril tres gr. pl.
1715 Le Cascade, par Cathelin tres gr. pl.
1716 La Tempete, par Poly tres gr. pl.

Catalogue d'Estampes detachées. 63

1717 La Peche en Eau douze, *par le Veau tres gr. pl.*
1718 Depart pour la Peche, *par le Bas tres gr. pl.*
1719 Le Fanal exhauffé, *par Byrne tres gr. pl.*
1720 Port de Mer d'Italie, *par le Bas tres gr. pl.*
1721 l'Onde Tranquille, *par de Lorraine tres gr. pl.*
1722 l'Onde agitée, *par Tardieu & Rouffelet tres gr. pl.*
1723 La Nuit, le Soir, le Midi & le Matin, *par Cathelin*, 4 pieces tres gr. pl.
1724 Isles de l'Archipel, *par Charpentier tres gr. pl.*
1725 Le Coup de Vent, *par Charpentier tres gr. pl.*
1726 Naufrage, *par Avril tres gr. pl.*
1727 Les Pescheurs, *par M: de Longueil & B: A: Nicolet tres gr. pl.*
1728 Jupiter and Semelé, *d'après Weft par Cook tres gr. pl.*
1729 Celadon and Amelia, *d'après Wilson, par Woollet tres gr. pl.*
1730 The Heroic Dead of William Tell, which laid the Foundation of Swiff liberty and Helvetic union, *d'apres Zuch, par Schwab tres gr. pl.*

Sans noms d'Artiftes.

1731 St. Bernard devant le Pape, *gr. pl.*
1732 Carte du Royaume des Cieux, *par St. Della Bella tres gr. pl.*
1733 Pont de Weft-Minfter, *gr. pl.*
1734 Palais du Comte de Tylney, *gr. pl.*
1735 Trois grandes Eftampes des Portes avec Emblemes.
1736 Un Canon fait, *par A. Benningo 1669 gr. pl.*
1737 Wetgeving op Sinai, *gr. pl.*
1738 Een Frans Admiraalschip van de eerfte rang, *gr. pl.*
1739 Une tres grande These sur la Theologie, 1738.
1740 La Foire du Monde 1739 *gr. pl.*
1741 { Une Collection d'Eftampes en maniere de Paftel, & à deux & trois Couleurs, au biftre & en rouge en maniere de Defseins de Crayon, qu'on vendra Separement suivant le Numero.
Een Collectie van Printen in de manier van Paftel, en in twee en drie couleuren, au biftre, en in het rood in de manier als Teekeningen, die apart volgens hunne Numero's zullen verkogt worde.

(I) *Pots*

Portefeuille A. A.

Portraite Zwarte Konst.

1743 Willem de Derde, door J. Gole.
1744 Dominicus Andreas Commendant a Kaunis, door Kneller.
1745 Charle Second King of Engeland, P. Lely en door Tomson.
1746 Duchesse Mazarin, door Lely en G. Valk.
1747 Johannes de Wolf, door Schenk.
1748 Een door Gerardus Schers en Pauli Feest.
1749 Lady Anne Lely, P. Tompson.
1750 Madame Keizerinnen Sully, door Lely en Tomson.
1751 Een Consert van vyf Persoonen, door Gole.
1752 De Baron Albermarle Generaal Alderman &c. &c. van de Koning van Engeland, door Kneller en J. Smit.
1753 Een Herderinne.
1754 Agar en Ismael en de Engel, door Lens, exc.
1755 Vroolyken Boeren, door A. Brouwer en Clemen de Jong.
1756 Een Juffrouw Phedé, door V. Bleek.
1757 Een Slapend Kint, door G. Netscher en Bloteling.
1758 Cleopatra, door Vrymedon.
1759 Een Engels Heertje, door Kneller en Schenk.
1760 Madame Lamson, door G. Kneller pinxit en Becket, exc.
1761 Drie speelende Kinderen, door Gaal en Grobker.
1762 Madame Janne Long, P. Lely pinx. en Tompson.
1763 Louise Duchesse of Portsmouth, Lely pinx. Bloteling, exc.
1764 Een Cupido voor een Tombe Royale, door P. Schenck.
1765 Le Markgrave de Brandenbourg Anspach, door R. Tompson.
1766 Dutchesse of Cleaveland, door P. Lely pinx.
1767 Lady Ashley, Lely pinx. R. Tompson exc.
1768 Highnes the Lady Ann. G. Kneller, pinx. R. Whit, exc.

1769 Een Harderinne met een Kindt, G. Kneller, pinx. J. Smith exc.
1770 Madame Jane Sheffington, W. Wifoing, pinx.
1771 The Lord Churcils Daughters, G. Kneller, pinx. J. Smith.
1772 St. Catharina, G. Kneller, pinx. J. Smith fc.
1773 Mr. Ann Roydhoufe, J B. de Medina pinx., J. Smith exc.
1774 The Comtefs of Salisburg, G. Kneller pinx., J. Smith exc.
1775 Een Englifch Lord, befte druk.
1776 Princefs Royall, Ann. of Denmarck, door Wiffeling en J. van der Vaart, pinx.
1777 Een Monnik en een Religieufe.
1778 The Lady Cattret, door Kerffeboom Smith, fecit.
1779 Madame Catharina Nevill, Lely, pinx.
1780 The Lady Effex Tinch, Lely pinx. R. Tompfon exc.
1781 The Right Honorable Mary Fielding Sole Daughter of B. Vife Claringfort, Lely pinx Bezett exc.
1782 The Lady Bucknell, Kneller pinx. G. Bekett exc.
1783 The Royall Highnefs Dutchefs of York, P. Lilly pinx. R. Tompfon exc.
1784 The Right Hon. Lady Bellafis, P. Lilly pinx. R. Tompfon exc.
1785 The Royal Hignefle Mary Princeffe of Orange, W. Willing pinx. R. Williams fecit.
1786 Madame Hughes, P. Lelly pinx.
1787 The Dutchefs of Grafton, G. Kneller pinx. R. White exc.
1788 The Highnefs the Princefs of Orange, Lilly pinx. R. Tompfon exc.
1789 Carolus II D. G. Ang Sco. Fra & Hib. Rex Fid. Defenfor &c. G. Kneller pinx. R. Williams fecit.
1790 The Royall Highners Princefs Ann of Denmark, G. Kneller pinx Smith exc.
1791 Lady Ann Mountagn, P. Lelly pinx. R. Thompfon exc.
1792 Een Jonge met een Hondje fpelende.
1793 Mauritius Beverhorft, Profeffor.
1794 Mr. Turnor, Kneller pinx. Beket exc.
1795 Maria D. G. Aug. Sco. Fra & Regina, Kneller pinx.

1796 Sr. Tretſwel Hollis, Lely pinx.
1797 Maria Beatrix Princeſſ de Modena Ducheſſa de York, Lely pinx.
1798 The Houble M. Sherard, door J. Kneller pinx. Smith exc.
1799 The Earle of Devonshire, Kneller pinx. Beket fecit.
1800 Mr. Croſs, Hill pinx.
1801 Richard Lord Clifford, and Lady Jane his Sifter, door Kneller, Smith.
1802 The Comteſs of Stamford, Wyſſing pinx. Beket fecit.
1803 Her. Royal Highueſs Princeſs Ann. the Earl of Grantham.
1804 Madame Hughes, Lely pinx.
1805 Madame Philadelphia Saunders, P. Lely pinx. A. Broune ſc.
1806 Carolus J. D. G. Aug. Sco. Fr. & Rex A. van Dyk pinx. R. Smith.
1807 James Duck of Moumouth, Lely pinx. Bloteling exc.
1808 Gulielmus Henricus D. G. Princeps Auriacus, Lely pinx. Valk exc.
1809 Carolus III. Hiſp. Ind. Rex Cathol. Kneller pinx. Smith exc.
1810 Iſabelle d'Orleans Ducheſſe de Guiſſe, Mignac pinx.
1811 The Dutcheſſe of Grafton, Lely pinx. Verkolje fecit.
1812 Madame Granham, Lely pinx., R. Tompſon exc.
1813 Maria Princeps Auriacus, Lely pinx. A. Bloteling ex.
1814 Godfridus Kneller Eques, Smith exc.
1815 Een Kind met een Papegay, door Schenck.
1816 Tho Murrey Lector, Smith ex.
1817 Carolus Comte de Tipez Marechal, Schenck pinx.
1818 Een Gezelſchap van drie Perſonen.
1819 Godart a Rhede Baron de Ginkel Comte d'Athlon, Schenck fec. Kneller pinx.
1820 Dutcheſs of Glauland, Lely pinx. Tompſon exc.
1821 Caſparus Netſcher, C. Netſcher pinx. Valiant fec.
1822 Een Muſiceerend Gezelſchap.

Catalogue d'Eſtampes detachées.

1823 Otto a Koningsmark, door Schenk.
1824 Jacobus Baron de Waſſenaer de Opdam Hol. Nobl. door Schenk.
1825 Louiſe Dutcheſe of Portsmouth, Lely pinx. Valk exc.
1826 Her Highneſs Princeſs of Orange, Lely pinx. R. Tompſon exc.
1827 Maria Beatrix Princeſs de Modena Ducheſſe de York, Lely pinx. Bloteling ex.
1828 Her Highne Princeſs of Orange, Lely pinx. Tompſon exc.
1829 The Comteſſe of Litchfield, Kneller pinx. Beket exc.
1830 John Earl of Exeter, Kneller pinx. Smith ex.
1831 The Counteſs of Oſſory, Beket ſc.
1832 Joh. Dan. Herpfer, Conſili Hanov:, Schenk fec. & exc.
1833 Highneſs the Duke of Gloceſter, Kneller pinx.
1834 Steffan Wolters. Kneller pinx. Verkolje ex.
1835 Een Vrolyke Boer, Oſtade pinx. Bloteling exc.
1836 The Ducheſs of Monmouth, Kneller pinx. Tompſon exc.
1837 Joh. Jakob Vitriarius. Profeſſor.
1838 Guil. Henr. D. G. Prince v. Orange &c. Lely pinx. Bloteling fec. & exc.
1839 Petrus de Wolff, Petr. Fils, door Schenk fec.
1840 Madam Etten and her two Sons, Lely pinx. R. Tompſon exc.
1841 Francois Louis de Bourbon, Pr. de Conti, door Gole exc.
1842 Madam Hughes. Lely pinx. 1677
1843 Een Boere Vreugd, door Gole fec.
1844 Een Morin, G. Flink pinx. C. van Dalen ſc.
1845 Jupiter & Caliſto, door Cooper exc.
1846 Een Moorin, Flink pinx. C. van Dalen Jun. ſc.
1847 Herodias portant la Tête de St. Jean, peint par le Guide.
1848 Madame Michelin Veuve de Goult, door Duflos ſc.
1849 Een Oud Man by een Teſt met vuur.
1850 La Vierge avec l'Enfant Jeſu & des Anges, Bolswert ſc.
1851 Le Chirurgien, Gole fec. & exc.

1852 Amelia Anhalt Naſſau Princeſſ., S. Munkerus.
1853 Une Vierge, Schenk pinx.
1854 Un Officier.
1855 Henry Worſter, Fellary pinx. J. Smith exc.
1856 Een Man en een Vrouw in duyſter.
1857 Un Homme de Qualité avec un Aigle, Titian pinx. Vorſterman ſc.
1858 Tobias conduit par un Ange.
1859 Pieter Jurieu, Profeſſ. en Theologie.
1860 Een Man zig verwarmende, Th. de Ram exc.
1861 De Schilder de Roore.
1862 Notre Seigneur portent ſa Croix, Baſſent pinx. van Keſſel ſc.
1863 Une Dame d'un air Gracieuſe, Titien pinx. van den Wyngart ſc.
1864 Een Juffrouw ſpeelende op een Lier. Haid exc.
1865 George I. Koning van Engeland &c. Schenk exc.
1866 Adrianus Heerbord, Profeſſor &c. du Bordieu pinx. Suyderhoff ſc.
1867 Sr. John Chichley, Lely pinx.
1868 Thomas Thinne Eſq. Lely pinx.
1869 Colonel Robert Filding, Kneller pinx.
1870 Sereniſſ. Prince Arman Duc de Soubiſe Cardinal, Rigaud pinx. Maria Horthemels ſc.
1871 Johan Neyen, Archiduc d'Autrich, Mirevelt pinx.
1872 Paul Tallemant, de l'Academie Francoiſe, Silius pinx. Delinek ſc.
1873 Antoine Coyzevox Sculpteur, Rigaud peint Jean Audran gravé.
1874 Andreas Hameau, Senator, Vivien peint, Edeling ſc.
1875 Charle Perolt, Conſ. du Roy, le Brun peint Baudet ſc.
1876 Lodewig XIII. Koning van Frankryk &c. van Schupen ſc.
1877 D. van Hoogſtraaten Doctor, Boonen pinx. Halma exc.
1878 Manſart, Protecteur de l'Academie Royale de Peinture & de Sculpture, de Troy peint, Simonneau l'Ainé ſc.
1879 Frid. Guillaume Elect. de Brandenbourg, J. Galle ſc.

1880

1880 Un Chevallier, le Brun pinx. van Schuppen sc.
1881 Carol Mauritius de Tellier, le Feure pinx. van Schuppen sc.
1882 Le Cardinal de Richelieu &c. Champagne peint Morin sc
1883 Lud. Hideux, Ecclesiast. & Rector, Lescrimere peint P. Drevet sc.
1884 Julius Hardouin Mansart, Cunin pinx. Edeling sc.
1885 Unus Alexandro, Mignard pinx. van Schuppen sc.
1886 Leonardus Delamet, Archidiacon, H. Rigaud pinx. P. Drevet sc.
1887 Louis Alex. de Bourbon, Admiral de Fr., peint Hyacinth Rigaud, P. Drevet sc.
1888 Maximilian Emanuel de Baviere Elect. Vigien peint, Vermeulen sc.
1889 Agnes Francoise de Sochiere, Comtesse, Vivien peint, Vermeulen sc.
1890 Mes. Nicolas Lambert, Conseiller du Roy, Largilliere peint, G. Drevet sc.
1891 J. Hardouin Mansart, Consel. supreme, par H. Rigaud peint, Edeling sc.
1892 Anthony Carel of Shaftesbury, Baron, peint par J. Greenhil, Bloteling sc.
1893 Guillaume van Haren, peint par Akkema, Tanje sc.
1894 Philipe Duc d'Orleans, Regent du Royaume, Soutaire pinx. gravé Marie Hortleur.
1895 Dyonisius Sangrin, Episcopus, le Feure pinx. N. Pitau sc.
1896 Henry de Thiard, Cardinal, peint H. Rigaud, Marie Hortemel sc.
1897 P. Daniel Huetius, Episcopus, peint de l'Argilliere, Edelink sc.
1898 Robert de Cotte, Chevalier de l'Ordre Saint Michel &c. par H. Rigaud peint, gravé P. Drevet.
1899 James Duce of Monmouth, Lely pinx. A. Bloteling sc.
1900 A. Hercules, Cardinal de Fleury.
1901 Un Homme d'Etude, Edelink sc.
1902 Jean Carel, Eques, Tortebat peint, Edelink sc.
1903 Marquis de Beringhen, pr. Esquier du Roy, P. Mignard pinx. L. Boullet sc.

1804

Catalogue d'Estampes detachées.

1904 Mr. le Baron de Konink, A: Boonen, Edelink fc.
1905 Euft. Teiffier, Generalis. Bonys pinx. Edelink fc.
1906 Max. Emanuel Bavar. Duc & Elector, P: Schenck fculp.
1907 J. Bapt. Michel Colbert, Archibifcop., Larguilliere pinx. Edelink fc.
1908 J: Carel Parent, Eques, Tortebat peint, Edelink fc.
1909 Antoini Coypel Peintre & fa Fille, Coypel pinx. du Change fc.
1910 Willem de Derde, Koning van Groot Brittanje te Paard.
1911 C: Rabenhaubt, Baron & L: General, par Fifcher.
1912 Charles de la Foffe, Peintre du Roy, Rigaud peint, gravé du Change.
1913 Dom: Guilielmus Temple, Lely peint, van der Baut fc.
1914 J. Baptift L. Piton, Chevalier &c. H. Rigaud peint, Cherau fc.
1915 Palt. Ste. de Tourfy, Doctor de Sorbone, H. Rigaud peint, Drevet fc.
1916 Math. Francifcus Geofroy, Th. fc.
1917 Un Seigneur qui jouit le Luth, de Troy peint, Edelink fc.
1918 Illuftre Petro Bertin, Cancellaria, par Edelink, d'après Coypel.
1919 J. Nicol. Colbert, Aachipifcop. &c. par Rigaud peint, Drevet fc.
1920 J. de Brunem, Lugdune Thefauror., par Rigaud peint, Vermeulen fc.
1921 Ludovicus Magnus, par Geuflin, d'après Sa Majefté, Vermeulen fc.
1922 Petr. des Ganges, Doct. & Senator, par Tourniere peint, du Rivier fc.
1923 Alex. Hubertus Jaillot, Geographe, par Cullin pinx. Vermeulen fc.
1924 Max. Titon, Ecuyer du Roy de Fr. par Rigaud peint, P. Drevet fc.
1925 Cafimier, Veldmarfchal, Plafon peint, Bloteling fc.
1926 Petri de Montarfis.
1927 Petr. Simon, Eques Sculpteur, par Petr. Ernou peint, Edelink fc.

Catalogue d'Estampes detachées.

1928 François Girardon, Sculpteur du Roy, Rigaud peint, du Change sc.
1929 Bernardus Hoogewerf van Rotterdam, Theod. Matham sc.
1930 Hyacinte Rigaud, Peintre du Roy & peint par H. Rigaud, Drevet sc.
1931 Madam Rigaud, Rigaud peint, Drevet sc.
1932 Marie Princesse de Pologne, Reine de France & de Navarre, peint par van Loo, de Larmessin sc.
1933 Louis Quinze, Roy de France &c. peint par van Loo, Larmessin sc.
1934 Le Roy Stanislas, peint van Loo, Larmessin gravé.
1935 Cesar d'Estrés Cardinal, par de Troyes pinx. Edelink sc.
1936 Jac. Mag. Britag. & Wallis Princeps, par de Trayes pinx. Edelink gravé.
1937 Robert de Cotte, Architect & Sculpteur, par Tortebat peint, Trouvain sc.
1938 Petrus Vincentius Bertin, par Largilliere peint, Vermeulen gravé.
1939 Un tres fameux Peintre, par Rigaud peint.
1940 Paulus Bignon, par Rigaud peint, Drevet sc.
1941 André Nostre, Controlleur General, par Carel Marat peint, Masson sc.
1942 Louis Quinze, Roy de France &c. par Gobert peint, Audran gravé.
1943 Magistre F. Robertus Secouse, Doct. Th. par Rigaud peint, Audran gravé.
1944 Frere Plaise Feullion, par Fray peint.
1945 Juli Paulus de Lionne, par Jouvenet peint, Edelink sc.
1946 Nicol. Boilleau Despreau, peint par Rigaud.
1947 Mezetin, par de Troy peint, Vermeulen sc.
1948 Nicola Lambert, Conseiller du Roy, par Largilliere peint, Drevet sc.
1949 Carolus I. Mag. Brit. et Franc Rex, par van Dyk pinx. Lombart sc.

Portefeuille BB

Waar in diverse Prenten van Fransche en Hollandsche Meesters.

1950 Een Zinnebeeldige, door l'Enfant.
1951 Zes stuks Architectuur, door le Pautre.
1952 Vier Zinnebeeldige, door Lairesse.
1953 Diana met haar Nimfen, na P. Mooreelse, door Saenredam.
1954 De Bruyloft te Canaan, na Zuccherus, door Mattha
1955 De Vlugt na Egypten, na J. Thomas, door van de Wyngaerde.
1956 D Teniers & sa Famille, d'après Teniers, par le Ba
1957 Loth & ses Filles, d'après Vleughels, par Chereau.
1958 Vue de Flandre, d'après Teniers, par Wachsmout
1959 Een Verschyning van een Heylige, na Poussin, do Audran.
1960 Een Geesseling en een ander, na A. Carats 2 stuk
1961 Een Marteling, door Testa.
1962 Le Printems, par Ridinger.
1963 l'Automne, d'après Vleughels, par Jeaurat.
1964 Iris, d'après Courtin, par Poilly.
1965 Les quatre parties de l'Année, d'après Watte par Huquier.
1966 La Vue, l'Ouie & l'Odorat, 3 pieces par les me
1967 La Favorite de Flore & 8 autres pieces, par memes.
1968 St Michel Victorieux, d'après Raphael, par Rousse
1969 Maria met 't Kindje, na Poussin, door J. Pesne.
1970 De Wetgeving op den Berg Sinai, na Hoet, van der Gouwe.
1971 't Hooft van Johannis, na Picard, door Pool.
1972 Een Bybelsche Historie, na Raphael.
1973 Maria met 't Kindje, na Siniani, door Duflos.
1974 De Visvangst, na Raphael, door Chasteau.
1975 De Paus met zyn Cardinaalen, na Rubbens, Bolswert.
1976 Maria's Hemelvaart, na Rubbens.
1977 De Wysen uyt 't Oosten brengen de Geschen na Rubbens.
1978 De vier Evangelisten, na Rubbens, door Bolsw
1979 Petrus Paulus Rubbens, door Pontius.

Catalogue d'Eſtampes detachées.

1980 St. Hieronimus in Devotie, *na C: le Brun, door Edelinck.*
1981 Een Marteling *na Titiaan.*
1982 St. Franciscus in Devotie, *na Baronius, door Villamena.*
1983 De Heylige Famille, gr. pl.
1984 De Doop van Chriſtus, gr. pl: *door Audran.*
1985 Jepthas Offerhande, gr: pl: Proefdruk.
1986 La Nourice qui ramene l'Enfant en maniere noire.
1987 Diana en Acteon, zwarte konſt.
1988 Een Heidenſche Hiſtorie, *na le Brun, door Audran*
1989 De Hiſtorie van Meleager, 7 ſtuks *door Folkema.*
1990 De Marteling van St. Protais, *na le Sueur, door Malboré.*
1991 Le Berger Empreſſé, *d'après Watteau, par Huquier,* 4 pieces.
1992 Le Gouté, *d'après Jeaurat.*
1993 Venus verſpiedt, en een ander *na Titiaan.*
1994 St. Hieronimus, *na Heintz.*
1995 Een Kop, *na Raphael, door Demarteau.*
1996 Twee Bloemſtukken, gr. pl.
1997 Le Charletan & un autre, 2 pieces.
1998 Een leggende Venus, en een ander 2 ſtuks.
1999 Kindertjes, 4 ſtuks.
2000 La Verité recherché par les Philoſophes & 2 autres
2001 Ordonnantien van Marot, 10 ſtuks.
2002 ―――― dito van le Pautre, 6 ſtuks.
2003 Zes ſtuks Landſchapjes.
2004 Vier ſtuks dito different.
2005 Maria met 't Kindje en 2 anderen 3 ſtuks.
2006 Twee Leeuwengevechten en 5 anderen.

Boeken in Folio.

2007 De Beſchryving van Leyde door F. van Mieris 1 deel ingenaait.

in Quarto.

2008 *Opere Drammatiche del Goldoni, tome 4.*
2009 Het groot Italiaanſch en Nederduitſch Woordenboek door Moſes Giron, 1 deel.
2010 *Storia del Muſica del P: Martino.*
2011 *Le premiere d'Amore per le Nozze di Wilbem V.*
2012 *Raccolta di Vocaboli o ſia Dizionario Italiano e Latin*
2013 De Gedigten van J. de Haas, ingenaait.
2014 Judas den Verrader door dito ingenaait.
2015 F. de Haas, over de Verloore Zoon, in een hoorne

in Octavo.

2016 Poesia Sacre Apostola Leno.
2017 Il Mitridate
2018 Rime del Petraca la Ciceide.
2019 Il Torrismondo Tragedia del Tasso.
2020 Il Temistocle Opera Dramm. di Metastasio.
2021 Histoire de la Musique & ses Effets, 4 tome.
2022 La vraye Philosophie.
2023 Elemens de la Philosophie Rurale.
2024 Lettres Critiques sur divers Sujets de l'Ecriture Sainte.
2025 Paralelle de la Musique des Français & des Italiens.
2026 La Fidelité des Sujets envers Dieu.
2027 Encyclopedie Oeconomique, Tverdon 1770 16 vol. demi v.
2028 Dictionnaire raisonné d'Histoire Naturelle par M: Valmont de Bomare, Tverdon 1768. 12 vol. demi veau.
2029 Eenige School en andere Boeken in een mande.
2030 De Mymering of de Vlugt na het Paradys der Dwasen/ 2 deele ingenaapt.
2031 Het Leven van Catarina Keyserinne van Rusland/ in een hoorne band.
2032 Het Nut der Stadhouderlyke Regering/ ingenaapt.
2033 Programma der Hollandsche Maatschappye der Wetenschappe/ ingenaapt.

Rariteyten.

2034 Een Optica Spiegel.
2035 —— Garnituur steene Gespé.
2036 —— silvere Medaille verbeeldende Prins Wille de 3de.
2037 Une Lunette d'Aproche en 5 pieces.
2038 —— dito pour le Theatre.
2039 —— groot Optical Glas.
2040 Drie Diamanten over Glas te snyden.
2041 Een doosje met Schaaltjes.
2042 Twee koopre Musiek pennen.
2043 Een doosje met vier stukjes Ivoor Gegraveerd voor Ringetjes welke apart verkogt zullen werd

Pleyster-Beelde.

2044 Een Kop van een oud Man.
2045 —— Kop van een Griekfche Venus.
2046 —— Kinder Kopje.   2047 Twee Beeldjes.

E I N D E.

NOUVELLES LITTERAIRES
DE LA HAYE.

Nicolas van Daalen, Libraire, y débite actuellement (1779.) la Bibliotheque Orientale de feu Mr. d'Herbelot en quatre Tomes *in Quarto*, qui peuvent être partagés en huit Volumes, d'une grosseur raisonnable chacun.

Les Journaux ont déja rendu compte des deux premiers, en observant que depuis longtemps il n'est sorti des Presses d'Hollande aucun ouvrage aussi parfait, relativement à la partie typographique. Le troisieme ne le cede en rien aux deux premiers.

Ces trois Tomes contiennent precisement la Bibliotheque Orientale, telle qu'elle a paru *in Folio* en 1697; mais on les a ameliorés à divers égards.

Pour ce qui est du quatrième Tome, feu Mr. Claude Visdelou, connu sous le titre d'Evêque de Claudiopolis, l'un des Missionnaires, envoyés en Chine, en 1685. par Louis XIV. en est l'Auteur.

Ce Tome est un suite ou un Supplement à la Bibliotheque Orientale, ainsi que Mr. Visdelou declare en termes exprès, rapportés dans l'avertissement des Editeurs qui se trouve à la tête du premier Tome.

Les pieces contenues dans ce quatrieme Tome sont 1°. Observations de Mr. Visdelou sur quinze articles de la Bibliotheque Orientale, relatifs à la Chine; 2°. Histoire de la Grande Tartarie, ce Pays tant étendu qui a été connu des Anciens sous le nom de Scythie & dont les Souverains ont subjugué deux fois la Chine; 3°. Dissertation sur le titre de Khan, en usage dans l'Orient; 4°. Observations sur d'autres articles de la même Bibliotheque, ayant également plus ou moins de rapport à la Chine; 5°.

Monument du Christianisme en Chine, avec une pa[ra]-
raphra[se] & de notes pleines d'érudition, accompagné[e]
de la description de l'Empire Romain selon les Chi-
nois; 6°. Description de l'Empire de la Chine en for-
me d'une lettre, adressée au feu Prince Eugene de Sa-
voye; 7⁶. Deux petits Traités, imprimés en 1694,
dont feu Mr. GALAND est l'Auteur & qui sont de-
venus extrêmement rares, l'un intitulé: PAROLE[S]
REMARQUABLES DES ORIENTAUX, l'autre MA-
XIMES DES ORIENTAUX.

Il est terminé par une nouvelle Table générale de[s]
Matières, contenues dans les quatre Tomes, cell[e]
qui se trouve dans l'édition originale *in Folio* éta[nt]
trop seche & défectueuse à divers égards.

Pour aller au devant des désirs des Sçavans & do[n]-
ner à cette édition *in Quarto* toute la perfectio[n]
dont elle est susceptible, les Editeurs ont jugé [à]
propos de l'amplifier par des ADDITIONS. M[r.]
SCHULTENS, actuellement Professeur en Langu[es]
Orientales dans l'Université de Leyde, les a four-
nies. Elles renferment non seulement de nouvea[ux]
articles, mais aussi des corrections de plusieurs [de]
ceux qui existent. Le Prix des quatre Tomes e[st]
ƒ 34 Fl. d'Holl. & en grand papier ƒ 50 Fl. d'Ho[ll.]

NOTE.

Le quatrieme Tome est aussi imprimé *in Folio* [en]
faveur de ceux qui ont l'Edition de ce format. [Ils]
peuvent donc la rendre d'autant plus complette, q[ue]
ce Tome *in Folio* est aussi enrichi de la susdite Ta[ble]
des Matieres & l'est également des ADDITIONS.

Le Prix de ce Tome *in Folio* est actuellement [de]
16 Florins, 10 Sols, Argent d'Hollande.

www.ingramcontent.com/pod-product-compliance
Lightning Source LLC
Chambersburg PA
CBHW070208230526
45471CB00002B/879